MAX LUCADO

COMO JESÚS

MAX LUCADO

COMO JESÚS

GRUPO NELSON
Una división de Thomas Nelson Publishers
Desde 1798

NASHVILLE DALLAS MÉXICO DF. RÍO DE JANEIRO BEIJING

Betania es un sello de Editorial Caribe,
una división de Thomas Nelson, Inc.

Nashville, TN – Miami, FL

E-Mail: editorial@editorialcaribe.com
www.editorialcaribe.com

Título en inglés: *Just Like Jesus*

Traductor: *Miguel Mesías*

ISBN: 978-0-88113-549-7

Impreso en EE.UU.
Printed in U.S.A.

19ª Impresión, 4/2009

Al personal de la Iglesia de Oak Hills

Porque Dios no es injusto para olvidar vuestra obra y el trabajo de amor que habéis mostrado hacia su nombre, habiendo servido a los santos y sirviéndoles aún.

HEBREOS 6.10

Contenido

QUERIDO AMIGO

El cuarto donde escribo es diferente. Hace apenas unos pocos meses estas paredes eran blancas. Ahora son verdes. En un tiempo estas ventanas estaban adornadas con cortinas; hoy están cubiertas con contraventanas. Mi silla solía estar sobre una alfombra color canela, pero ahora es blanca. Para ser franco, no tenía problema con la alfombra canela. A mí me parecía bien. Tampoco tenía objeción para las paredes y cortinas blancas. Desde mi punto de vista la habitación se veía bien.

Pero no desde la perspectiva de mi esposa. A Denalyn le encanta decorar. Mejor dicho, ella tiene que decorar. No puede dejar una casa sin cambiarla, así como el artista no puede dejar una tela sin tocar ni el músico puede dejar una canción sin cantar.

Afortunadamente ella limita su trabajo de remodelación a lo que tenemos. Nunca mueve los muebles en los hoteles ni reorganiza los cuadros en las casas de los amigos. (Aun cuando se siente tentada a hacerlo.) Remodela lo que poseemos; pero recuerde lo que digo: lo que poseemos lo remodelará. Para Denalyn no es suficiente tener una casa; ella tiene que cambiar la casa.

En cuanto a mí, estoy contento con tener una casa. Mis gustos son, por así decirlo, menos refinados. A mi modo de ver una silla y un refrigerador están muy cerca de recibir un premio por decoración de interiores. Para mí la tarea de Hércules es comprar la casa. Una vez que la transacción está finalizada y se compra la casa, estoy listo para mudarme y descansar.

Pero no así para Denalyn. Tan pronto como la tinta se seca en las escrituras, ella está mudándose y remodelando. Me pregunto si heredó ese rasgo de su Padre, el Padre celestial. Lo que pasa es que la manera en que Denalyn ve una casa es como Dios ve una vida.

A Dios le encanta decorar. Dios *tiene* que decorar. Déjelo vivir por suficiente tiempo en un corazón, y ese corazón empezará a cambiar. Los retratos de heridas serán reemplazados con paisajes de gracia. La paredes de ira serán demolidas y los cimientos endebles restaurados. Dios no puede dejar una vida sin cambiar así como una madre no puede dejar sin tocar la lágrima de su hijo.

No es suficiente para Dios ser su dueño; Él quiere cambiarlo. En donde usted y yo nos daríamos por satisfechos con una reclinadora y un refrigerador, Él rehúsa conformarse con cualquier vivienda que no sea un palacio. Después de todo, es su casa. No hay gasto que escatimar. No hay atajos que tomar. «Para que vayan comprendiendo lo increíblemente inmenso que es el poder con que Dios ayuda a los que creen en Él» (Efesios 1.19, LBD).

Esto tal vez explique algo de la incomodidad en su vida. La remodelación del corazón no siempre es agradable. No objetamos cuando el Carpintero añade unos pocos estantes, pero se le conoce porque le encanta demoler el ala izquierda por entero. Tiene para usted aspiraciones muy altas. Dios vislumbra una restauración completa. No cejará hasta que haya concluido. No terminará sino cuando hayamos sido «hechos conformes a la imagen de su Hijo» (Romanos 8.29).

Su Creador está rehaciéndolo a usted a la imagen de Cristo. Quiere que usted sea como Jesús. Este es el deseo de Dios y el tema de este libro.

Antes de seguir, ¿puedo hacer un alto y darle las gracias? Pasar estos momentos con usted es un privilegio, y quiero que sepa que estoy muy agradecido por la oportunidad. Mi oración por todos los que lean este libro es sencilla. Que Dios abra sus ojos para que pueda ver a Jesús; y al verlo a Él, que usted vea lo que ha sido llamado a ser.

También me gustaría presentarle a algunas personas que hicieron posible este libro. Este es un saludo a algunos amigos queridos:

A Liz Heaney y a Karen Hill; pocos editores pueden recortar y pegar con tal destreza y amabilidad. Gracias de nuevo por otro trabajo valiente.

A Esteban y Cheryl Green; solo el tenerlos cerca simplifica mi mundo. Gracias por todo lo que hacen.

A la maravillosa familia cristiana de la iglesia de Oak Hills; aun cuando algunos pudieran cuestionar su gusto por un pastor principal, el cariño que ustedes tienen por este es apreciado. Esto es por una década de trabajo juntos. Que Dios nos conceda muchas más.

A Scott Simpson. ¡Qué precisión! El momento fue perfecto para ambos. Gracias por la inspiración.

Al hábil equipo de la casa publicadora Word; aun cuando en transición ustedes son confiables y veraces. Me honra estar incluido en su nómina.

A mis hijas: Jenna, Andrea y Sara; si en el cielo faltan tres ángeles, yo sé donde encontrarlos.

A Kathy, Karl y Kelly Jordon; el nacimiento de este libro coincidió con el fallecimiento de su esposo y padre, Kip. Lo echamos mucho de menos. En la atiborrada tela de la publicación, su figura se yergue por sobre las demás. Nunca se le podrá reemplazar, y siempre se le recordará.

Y por sobre todo, a Denalyn; lo que tú has hecho en nuestra casa es nada comparado con lo que has hecho en mi corazón. Decóralo todo lo que quieras, cariño.

CAPÍTULO UNO

UN CORAZÓN COMO EL SUYO

¿Qué tal si por un día Jesús se conviertiera en usted?

¿Qué tal si por veinticuatro horas Jesús se levantara de su cama, de la de usted, anduviera en sus zapatos, viviera en su casa, y siguiera su horario? ¿Su jefe sería el jefe de Él, su madre sería la madre de Él, sus dolores serían los de Él? Con una excepción, nada en su vida cambia. Su salud no cambia. Sus circunstancias no cambian. Su horario no se altera. Sus problemas no se resuelven. Solo un cambio ocurre.

¿Qué tal si, por un día y una noche, Jesús viviera la vida suya con el corazón de Él? El corazón que usted tiene en el pecho tiene el día libre y su vida la dirige el corazón de Cristo. Las prioridades de Él gobiernan sus acciones. Las pasiones de Él impulsan sus decisiones. El amor de Cristo dirige su conducta.

¿Cómo sería? ¿Notaría la gente algún cambio? Su familia, ¿vería algo nuevo? Sus compañeros de trabajo, ¿percibirían alguna diferencia? ¿Qué tal de los menos afortunados? ¿Los trataría de la misma manera? ¿Qué tal sus amigos? ¿Detectarían más alegría? ¿Qué tal sus enemigos? ¿Recibirían más misericordia del corazón de Cristo que del suyo?

¿Y usted? ¿Cómo se sentiría? ¿Qué alteraría este trasplante en su nivel de tensión? ¿En sus cambios de talante? ¿En sus arranques temperamentales? ¿Dormiría mejor? ¿Vería diferente la puesta del sol? ¿La muerte? ¿Los impuestos? ¿Necesitaría menos aspirinas y sedativos? ¿Qué tal en su reacción a las demoras en el tránsito? (Eso duele, ¿no?) ¿Temería todavía lo que teme? Mejor todavía, ¿seguiría haciendo lo que está haciendo?

¿Haría usted lo que ha planeado por las siguientes veinticuatro horas? Deténgase y piense en su horario. Obligaciones, citas, salidas, compromisos. Con Jesús apoderándose de su corazón, ¿cambiaría alguna cosa?

Siga trabajando en esto por un momento. Ajuste el lente de su imaginación hasta que tenga un cuadro claro de Jesús guiando su vida, entonces oprima el obturador y retrate la imagen. Lo que usted ve es lo que Dios quiere. Él quiere que usted piense y actúe como Jesucristo (Véase Filipenses 2.5).

El plan de Dios no es nada menos que un nuevo corazón. Si usted fuera un coche, Dios querría controlar su motor. Si fuera una computadora, Dios controlaría los programas y el disco duro. Si fuera un aeroplano, tomaría asiento en la cabina de mando. Pero usted es una persona, así que Dios quiere cambiarle el corazón.

Pablo dice: «Y renovaos en el espíritu de vuestra mente, y vestíos del nuevo hombre [que es tener un nuevo corazón], creado según Dios en la justicia y santidad de la verdad» (Efesios 4.23-24).

Dios quiere que usted sea como Jesús. Quiere que tenga un corazón como el de Él.

Voy a correr un riesgo. Es peligroso resumir en una sola declaración verdades grandiosas, pero voy a intentarlo. Si una frase o dos pudieran captar el deseo de Dios para cada uno de nosotros, diría lo siguiente:

> *Dios lo ama tal como es, pero rehúsa dejarlo así. Él quiere que usted sea como Jesús.*

Dios lo ama tal como usted es. Si piensa que su amor por usted sería más fuerte si su fe lo fuera, se equivoca. Si piensa que su amor sería más profundo si sus pensamientos lo fueran, se equivoca de nuevo. No confunda el amor de Dios con el cariño de la gente. El cariño de la gente por lo general aumenta con el desempeño y disminuye con los errores. Pero no es así con el amor de Dios. Dios le ama exactamente como usted es. Cito al autor favorito de mi esposa:

> El amor de Dios nunca cesa. Jamás. Aun cuando le desdeñemos, le ignoremos, le rechacemos, le menospreciemos, le desobedezcamos, Él no cambia. Nuestro mal no puede disminuir su amor. Nuestra bondad no puede aumentarlo. Nuestra fe no se lo gana así como nuestra necedad no lo estorba. Dios no nos ama menos porque fracasemos ni más porque triunfemos. El amor de Dios nunca cesa.[1]

Dios lo ama tal como usted es, pero rehúsa dejarlo así.

Cuando mi hija Jenna tenía aproximadamente dos años solía llevarla a un parque cercano a nuestro departamento. Cierto día ella estaba jugando en un montículo de arena, y un vendedor de helados se acercó. Le compré una golosina, y cuando me volví para dársela a la niña, vi que tenía la boca llena de arena. Donde yo quería poner algo sabroso ella había puesto tierra.

¿La amé con su boca sucia? Claro que sí. ¿Era ella menos hija mía por su boca llena de arena? Por supuesto que no. ¿La dejaría yo con la arena en su boca? Ni en sueños. La quería exactamente como ella era, pero rehusé dejarla como estaba. La llevé hasta un grifo de agua y le lavé la boca. ¿Por qué? Porque la quería.

Dios hace lo mismo con nosotros. Nos lleva a la fuente. «Escupe la tierra, cariño», nos insta nuestro Padre. «Tengo algo mejor para ti». Así nos limpia de nuestra inmundicia: inmoralidad, falta de honradez, prejuicios, amargura, avaricia. No nos gusta que nos limpie; algunas

1. Adaptado de Max Lucado, *El trueno apacible*, Editorial Betania, Miami, FL, p.46 del original en inglés.

veces preferimos la tierra en lugar del helado. «¡Puedo comer tierra si se me antoja!» proclamamos y nos enfadamos. Lo cual es cierto; podemos. Pero si lo hacemos, nosotros perdemos. Dios tiene una oferta mejor. Quiere que seamos como Jesús.

¿No son esas buenas noticias? Usted no está atascado con su personalidad actual. No está condenado al «reino de los gruñones». Usted es maleable. Aun cuando se haya afanado todos los días de su vida, no necesita afanarse el resto de su vida. ¿Qué tal si nació como un intolerante? No tiene por qué morir siéndolo.

¿De dónde sacamos la idea de que no podemos cambiar? ¿De dónde vienen afirmaciones tales como: «Es mi naturaleza preocuparme», o «siempre he sido pesimista. Así soy yo», o «tengo mal genio. No puedo evitarlo»? ¿Quién lo dice? ¿Diríamos cosas similares respecto a nuestro cuerpo? «Es mi naturaleza tener una pierna rota. No puedo hacer nada para evitarlo». Por supuesto que no. Si nuestros cuerpos funcionan mal, buscamos ayuda. ¿No deberíamos hacer lo mismo con nuestros corazones? ¿No deberíamos buscar ayuda para nuestras actitudes agrias? ¿No podemos pedir tratamiento para nuestros arranques de egoísmo? Por supuesto que podemos. Jesús puede cambiar nuestros corazones. Él quiere que tengamos un corazón como el suyo.

¿Puede usted imaginarse una mejor oferta?

EL CORAZÓN DE CRISTO

El corazón de Jesús fue puro. Miles adoraban al Salvador, sin embargo estaba contento con una vida sencilla. Había mujeres que lo atendían (Lucas 8.1-3), sin embargo jamás se le acusó de pensamientos lujuriosos; su propia creación lo despreció, pero voluntariamente los perdonó incluso antes de que pidieran misericordia. Pedro, quien acompañó a Jesús por tres años y medio, le describe como «un cordero sin mancha y sin contaminación» (1 Pedro 1.19). Después de pasar el mismo tiempo con Jesús, Juan concluyó: «no hay pecado en Él» (1 Juan 3.5).

El corazón de Jesús fue pacífico. Los discípulos se preocuparon por la necesidad de alimentar a miles, pero Jesús no. Agradeció a Dios por el problema. Los discípulos gritaron por miedo a la tempestad, pero Jesús no. Él dormía. Pedro sacó su espada para enfrentarse a los soldados, pero Jesús no. Jesús levantó su mano para sanar. Su corazón tenía paz. Cuando sus discípulos lo abandonaron, ¿se enfadó y se fue a su casa? Cuando Pedro lo negó, ¿perdió Jesús los estribos? Cuando los soldados le escupieron en la cara, ¿les vomitó fuego encima? Ni pensarlo. Tenía paz. Los perdonó. Rehusó dejarse llevar por la venganza.

También rehusó dejarse llevar por nada que no fuera su alto llamamiento. Su corazón estaba lleno de propósitos. La mayoría de las vidas no se proyectan hacia algo en particular, y nada logran. Jesús se proyectó hacia una sola meta: salvar a la humanidad de sus pecados. Pudo resumir su vida con una frase: «El Hijo del Hombre vino a buscar y a salvar lo que se había perdido» (Lucas 19.10). Jesús se concentró de tal manera en su tarea que supo cuándo debió decir: «Aún no ha venido mi hora» (Juan 2.4) y cuándo: «Consumado es» (Juan 19.30). Pero no se concentró en su objetivo al punto de ser desagradable.

Al contrario. ¡Qué agradables fueron sus pensamientos! Los niños no podían alejarse de Jesús. Jesús pudo hallar belleza en los lirios, alegría en la adoración y posibilidades en los problemas. Podía pasar días con multitudes de enfermos y todavía sentir compasión de ellos. Pasó más de tres décadas vadeando entre el cieno y lodazal de nuestro pecado, y sin embargo vio suficiente belleza en nosotros como para morir por nuestras equivocaciones.

Pero el atributo que corona a Cristo es este: su corazón fue espiritual. Sus pensamientos reflejaban su íntima relación con el Padre. «Yo soy en el Padre, y el Padre en mí», afirmó (Juan 14.11). Su primer sermón que se registra empieza con las palabras «El

Espíritu del Señor está sobre mí» (Lucas 4.18). Era «llevado por el Espíritu» (Mateo 4.1) y estaba «lleno del Espíritu Santo» (Lucas 4.1). Del desierto «volvió en el poder del Espíritu» (Lucas 4.14).

Jesús recibía sus instrucciones de Dios. Era su hábito ir a adorar (Lucas 4.16). Era su costumbre memorizar las Escrituras (Lucas 4.4). Lucas dice que Jesús «se apartaba a lugares desiertos, y oraba» (Lucas 5.16). Sus momentos de oración lo guiaban. Una vez regresó después de orar y anunció que era tiempo de pasar a otra ciudad (Marcos 1.38). Otro tiempo de oración resultó en la selección de los discípulos (Lucas 6.12-13). Jesús era guiado por una mano invisible. «Todo lo que el Padre hace, también lo hace el Hijo igualmente» (Juan 5.19). En el mismo capítulo afirmó: «No puedo yo hacer nada por mí mismo; según oigo, así juzgo» (Juan 5.30).

El corazón de Jesús fue espiritual.

EL CORAZÓN DE LA HUMANIDAD

Nuestros corazones parecen estar muy lejos del de Jesús. Él es puro; nosotros somos codiciosos. Él es pacífico; nosotros nos afanamos. Él está lleno de propósitos; nosotros nos distraemos. Él es agradable; nosotros somos rebeldes. Él es espiritual; nosotros nos apegamos a esta tierra. La distancia entre nuestros corazones y el suyo parece ser inmensa. ¿Cómo podemos siquiera esperar tener el corazón de Jesús?

¿Está listo para una sorpresa? Ya lo tiene. Usted ya tiene el corazón de Cristo. ¿Por qué me mira de esa manera? ¿Le jugaría una broma en esto? Si usted ya está en Cristo, entonces ya tiene el corazón de Cristo. Una de las promesas supremas, y de la que nos percatamos es sencillamente esta: si usted le ha entregado su vida a Jesús, Jesús se ha dado a sí mismo. Ha hecho de su corazón su morada. Sería difícil decirlo de una manera más concisa que Pablo: «Vive Cristo en mí» (Gálatas 2.20).

A riesgo de repetir, permítame volver a decirlo. Si usted ya le ha entregado su vida a Jesús, Él mismo se ha dado a usted. Se ha mudado a su vida, ha desempacado sus maletas y está listo para cambiarlo «de gloria en gloria en la misma imagen» (2 Corintios 3.18). Pablo lo explica diciendo que aunque parezca extraño, los que creemos en Cristo en realidad tenemos dentro de nosotros una porción de los mismos pensamientos y mente de Cristo (véase 1 Corintios 2.16).

Extraño es la palabra. Si tengo la mente de Jesús, ¿por qué todavía pienso tanto como yo? Si tengo el corazón de Cristo, ¿por qué todavía tengo las manías de Max? Si Jesús mora en mí, ¿por qué todavía detesto los embotellamientos del tráfico?

Parte de la respuesta queda ilustrada en la historia de una señora que tenía una casita cerca de una playa en Irlanda, a principios del siglo. Era muy pudiente, pero también muy frugal. Por eso fue que la gente se sorprendió, cuando decidió ser una de las primeras en tener electricidad en su casa.

Varias semanas después de la instalación llamó a su puerta un empleado para leer el medidor. Le preguntó si la electricidad estaba funcionando bien, y ella le aseguró que sí.

—¿Me podría explicar algo —dijo el hombre—. Su medidor indica que casi no ha usado nada de electricidad. ¿Está usted usándola?

—Pues claro que sí —respondió ella—. Todas las noches cuando se pone el sol, enciendo las luces mientras enciendo las velas; después la apago.[2]

Tenía conectada la electricidad, pero no la usaba. Su casa tenía las conexiones, pero no había tenido ninguna alteración. ¿No cometemos nosotros la misma equivocación? Nosotros también, con nuestras almas salvadas pero con corazones sin cambio, estamos conectados pero sin alteración alguna. Confiamos en Cristo para la salvación pero resistimos la transformación. Ocasionalmente movemos el interruptor, pero la mayor parte del tiempo nos conformamos con las sombras.

---

2. David Jeremiah, cinta de audio: *The God of the Impossible* [El Dios de lo imposible], TPR02.

¿Qué pasaría si dejáramos la luz encendida? ¿Qué ocurriría si no solo moviéramos el interruptor sino que viviéramos en la luz? ¿Qué cambios ocurrirían si nos dedicáramos a morar bajo el brillo de Cristo?

No hay duda al respecto: Dios tiene para nosotros un plan ambicioso. El mismo que salvó su alma anhela rehacer su corazón. Su plan es nada menos que una transformación total: Pablo dice que desde el mismo principio Dios decidió moldear las vidas de los que le aman de acuerdo a las líneas de su Hijo (véase Romanos 8.29).

Usted se ha «revestido de la nueva naturaleza: la del nuevo hombre, que se va renovando a imagen de Dios, su Creador, para llegar a conocerlo plenamente» (Colosenses 3.10, VP).

Dios está dispuesto a cambiarnos a semejanza del Salvador. ¿Aceptaremos su oferta? Le sugiero esto: Imaginémonos lo que significa ser como Jesús. Examinemos con detenimiento el corazón de Cristo. Pasemos algunos capítulos considerando su compasión, reflexionando en su intimidad con el Padre, admirando su enfoque, meditando en su resistencia. ¿Cómo perdonó Él? ¿Cuándo oró? ¿Qué lo hacía ser tan agradable? ¿Por qué no se dio por vencido? Pongamos «los ojos en Jesús» (Hebreos 12.2). Tal vez al verlo, veremos lo que podemos llegar a ser.

Tengan paciencia unos con otros, y perdónense si alguno tiene una queja contra otro. Así como el Señor los perdonó, perdonen también ustedes.

COLOSENSES 3.13, VP

CAPÍTULO DOS

AME A LAS PERSONAS CON LAS QUE ESTÁ CLAVADO

Un corazón que perdona

Mi primera mascota la recibí como un regalo de navidad en mi niñez. En alguna parte tengo un retrato de una perrita dogo china color castaño y blanco, chiquita como para caber en la mano de mi padre, y encantadora como para robarse mi corazón de ocho años. Le pusimos por nombre Liz.

La cargué todo el día. Sus orejas caídas me fascinaban, y su nariz chata me intrigaba. Incluso la llevé conmigo a la cama. ¿Y qué si ella apestaba a perra? Pensaba que el olor era encantador. ¿Y qué si aúlla y lloriquea? Pensé que los ruidos eran encantadores. ¿Y qué si hacía sus necesidades sobre mi almohada? No puedo decir que eso me pareció encantador, pero sí que no me importaba.

Mamá y papá habían dicho muy claramente en nuestro acuerdo prenupcial que yo iba a cuidar a Liz, y acepté muy contento. Limpiaba su diminuto plato y abría una lata de comida para perros. El mismo instante en que ella lamía el agua, volvía a rellenar el plato de agua. Mantenía su pelambre bien peinado y su cola meneando.

A los pocos días, mis sentimientos cambiaron un poco. Liz era todavía mi perra, y yo todavía era su amigo, pero ya estaba harto de sus ladridos, y ella parecía estar siempre con mucha hambre. Más de una vez mis padres tuvieron que recordarme: «Cuídala. Es tu perra».

No me gustaba oír esas palabras: *tu perra*. No me hubiera importado oír: «la perra con la que juegas», o «tu perra cuando la quieres», o incluso: «tu perra cuando se porta bien». Pero esas no eran las palabras de mis padres. Decían: «Liz es *tu perra*». Punto y aparte. En salud y enfermedad. En pobreza y en riqueza. Cuando estaba limpia y cuando hacía de las suyas.

Entonces me vino la idea: *Estoy clavado con Liz*. El cortejo se había acabado, al igual que la luna de miel. Estábamos metidos mutuamente en el mismo bozal. Liz pasó de ser una opción a ser una obligación, de ser una mascota a ser un quehacer, de alguien con quien jugar a alguien a quien cuidar.

Tal vez usted puede entenderlo. Lo más probable es que conozca la claustrofobia que viene con el compromiso. Solo que en lugar de que se le recuerde: «Es tu perra», lo que le dicen es: «Es tu esposo», o «es tu esposa», o «es tu hijo, padre, empleado, jefe o compañero de habitación», o cualquier otra relación que requiere lealtad para sobrevivir.

Tal permanencia puede conducir al pánico; por lo menos así ocurrió conmigo. Tuve que contestar algunas preguntas duras. ¿Puedo tolerar la misma cara con nariz chata, peluda y con hambre todas las mañanas? (Ustedes, esposas, ¿saben a qué me refiero?) ¿Me va a seguir ladrando hasta que me muera? (¿Algún hijo o hija entiende esto?) ¿Aprenderá ella alguna vez a limpiar su propio desorden? (¿Oigo un «amén» de algunos padres?)

CLAVADITIS

Estas son las preguntas que nos hacemos cuando nos sentimos clavados con alguien. Hay una palabra para especificar esta condición.

Al consultar el diccionario médico de una sola palabra (que escribí el día anterior al de este capítulo), descubrí que esta dolencia común se llama *clavaditis*. (*Clavado* quiere decir que usted está «atrapado». *Itis* es un sufijo que usted añade a cualquier palabra que quiere que suene impresionante. Léala en voz alta: *clavaditis*.) El *Manual de Max de Términos Médicos* dice lo siguiente respecto a esta condición:

> Los ataques de *clavaditis* se limitan a las personas que respiran, y típicamente ocurren en algún momento entre el nacimiento y la muerte. La *clavaditis* se manifiesta en irritabilidad, perder los estribos, y en querer hacer una montaña de un grano de arena. El síntoma común de las víctimas de *clavaditis* es la repetición de preguntas que comienzan con *quién, qué* y *por qué*. ¿*Quién* es esta persona? ¿*Qué* es lo que estaba pensando yo? ¿*Por qué* no le hice caso a mi madre?[1]

Este prestigioso manual identifica tres maneras para hacer frente a la clavaditis: huir, luchar o perdonar. Algunos optan por huir: salirse de la relación y empezar de nuevo en alguna otra parte, aun cuando con frecuencia se sorprenden al ver que la condición aflora igual al otro lado de la cerca. Otros luchan. Los hogares se convierten en zonas de combate, las oficinas en cuadriláteros de boxeo y la tensión llega a ser una forma de vivir. Unos pocos, sin embargo, descubren otro tratamiento: el perdón. Mi manual no tiene modelo respecto a cómo ocurre el perdón, pero la Biblia sí. Jesús sabía lo que se siente al estar clavado con alguien. Por tres años anduvo con el mismo grupo. En todas partes y a todo momento veía a la misma docena o algo así de caras, a la mesa, en la fogata por la noche, a toda hora. Viajaban en el mismo barco, y andaban por los mismos caminos, visitaban las mismas casas, y me pregunto, ¿cómo pudo Jesús ser tan devoto para sus

1. Max Lucado, Doctor en Filosofía de Contorsiones Etimológicas, *Manual de Max de Términos Médicos*, Editorial Unapágina, Tonterías, TX, tomo 1, cap. 1, frase 1.

hombres? No solo tuvo que soportar sus visibles extravagancias, sino que tuvo que soportar sus necedades invisibles. Piénselo. Podía oír los pensamientos que ellos no expresaban verbalmente. Sabía de sus dudas más íntimas; y no solo esto, sabía de sus dudas futuras. ¿Qué tal si usted supiera todas las faltas que sus seres queridos han cometido y todas las faltas que aún cometerán? ¿Qué tal si usted supiera todo lo que piensan en cuanto a usted, toda irritación, toda cosa que no gusta, toda traición?

¿Fue duro para Jesús amar a Pedro, sabiendo que Pedro en un momento lanzaría maldiciones contra él? ¿Fue duro confiar en Tomás, sabiendo que un día pondría en tela de duda la resurrección de Jesús? ¿Cómo resistió Jesús el impulso de reclutar un nuevo grupo de seguidores? Juan quería destruir al enemigo. Pedro cercenó la oreja de otro. Pocos días antes de la muerte de Jesús sus discípulos discutían cuál de ellos era el mejor. ¿Cómo pudo Él amar a gente que era difícil de hacerse agradar?

Pocas situaciones impulsan al pánico como sentirse atrapado en alguna relación. Una cosa es estar clavado con un cachorro, pero algo completamente diferente es estar atrapado en el matrimonio. Podemos burlarnos de términos risibles como *clavaditis*, pero para muchos esto no es asunto de risa. Por esa razón pienso que es sabio que empecemos nuestro estudio de lo que significa ser como Jesús meditando en su corazón perdonador. ¿Cómo pudo Jesús amar a sus discípulos? La respuesta se halla en el capítulo trece de Juan.

CON TOALLA Y PALANGANA

De todas las veces en que vemos las rodillas de Jesús dobladas, ninguna es más preciosa que cuando se arrodilló frente a sus discípulos y les lavó los pies.

Fue justo antes de la Pascua. Jesús sabía que su hora había llegado para dejar este mundo e ir al Padre. Habiendo amado a los suyos que estaban en el mundo, les mostró el alcance pleno de su amor.

> Antes de la fiesta de la pascua, sabiendo Jesús que su hora había llegado para que pasase de este mundo al Padre, como había amado a los suyos que estaban en el mundo, los amó hasta el fin. Y cuando cenaban, como el diablo ya había puesto en el corazón de Judas Iscariote, hijo de Simón, que le entregase, sabiendo Jesús que el Padre le había dado todas las cosas en las manos, y que había salido de Dios, y a Dios iba, se levantó de la cena, y se quitó su manto, y tomando una toalla, se la ciñó. Luego puso agua en un lebrillo, y comenzó a lavar los pies de los discípulos, y a enjugarlos con la toalla con que estaba ceñido (Juan 13.1-5).

Había sido un día largo. Jerusalén estaba atiborrada con los que habían venido para celebrar la Pascua, la mayoría de los cuales anhelaban echar por lo menos un vistazo al Maestro. El sol de la primavera era cálido. Las calles estaban secas. Los discípulos se hallaban lejos de casa. Una buena rociada de agua fría sería refrescante.

Los discípulos entraron, uno por uno, y tomaron sus lugares alrededor de la mesa. En la pared cuelga una toalla, y en el suelo hay una jarra y una palangana. Cualquiera de los discípulos pudiera ofrecerse voluntariamente para hacer el trabajo, pero ninguno se ofrece.

Después de pocos momentos Jesús se levanta y se quita su túnica exterior. Se envuelve en la cintura el cinto del siervo, toma la palangana y se arrodilla frente a uno de los discípulos. Desata la correa de la sandalia, y con suavidad levanta el pie y lo coloca sobre la palangana, cubriéndolo con agua y empieza a lavarlo. Uno por uno, un pie sucio tras otro, Jesús avanza por la hilera.

En los días de Jesús lavar los pies era una tarea reservada no para los criados sino para el más bajo de los criados. Todo círculo tiene su propio orden, y el círculo de trabajadores domésticos no era la excepción. El siervo que se hallaba en el punto más bajo en la escala era el que tenía que arrodillarse con la toalla y la palangana.

En este caso el que estaba con la toalla y la palangana era el Rey del universo. Las manos que formaron las estrellas ahora lavaban la suciedad. Los dedos que formaron las montañas daban masajes a los dedos de los pies. Aquel ante quien todas las naciones un día doblarán las rodillas se arrodilla frente a sus discípulos. Horas antes de su muerte, la preocupación de Jesús es singular. Quiere que sus discípulos sepan cuánto los ama. Más que quitando suciedad, Jesús está quitando duda.

Jesús sabe lo que ocurrirá con sus manos en la crucifixión. En veinticuatro horas serán perforadas y quedarán sin vida. De todas las veces que esperaríamos que pidiera la atención de sus discípulos, sería esta. Pero no lo hace así.

Usted puede estar seguro de que Jesús conoce el futuro de los pies que está lavando. Estos veinticuatro pies no estarán al día siguiente siguiendo a su maestro, defendiendo su causa. Estos pies saldrán despavoridos buscando refugio a la vista de la espada romana. Solo un par de pies no lo abandonarán en el huerto. Solo un discípulo no lo abandonará en el Gestsemaní: ¡Judas ni siquiera llegaría a ese punto! Abandonaría a Jesús esa misma noche en la mesa.

Busqué una traducción de la Biblia que dijera: «Jesús les lavó los pies a todos los discípulos, excepto a Judas», pero no la encontré. ¡Qué momento más apasionado cuando Jesús en silencio levantó los pies del traidor y los lavó en la palangana! A las pocas horas los pies de Judas, limpios por la bondad de aquel a quien traiciona, estarían en el patio de Caifás.

¡Observe lo que Jesús les da a sus seguidores! Sabe lo que estos hombres están a punto de hacer. Sabe que están a punto de realizar uno de los actos más viles de sus vidas. A la mañana hundirán sus cabezas en vergüenza y mirarán a sus pies con disgusto. Cuando lo hagan, Él quiere que recuerden cómo se arrodilló ante ellos y les lavó los pies. Quiere que se den cuenta de que sus pies están limpios: «Lo que yo hago, tú no lo comprendes ahora; mas lo entenderás después» (Juan 13.7).

Asombroso. Les perdonó su pecado antes de que lo hubieran cometido. Les ofreció misericordia incluso antes de que ellos la buscaran.

DE LA FUENTE DE SU GRACIA

Ah, yo nunca podría hacer eso, objeta usted. *La herida es muy honda. Las heridas son muy numerosas. Tan solo de ver a esa persona hace que me encolerice.* Tal vez ese es su problema. Tal vez usted está viendo a la persona equivocada, o por lo menos mucho de la persona equivocada. Recuerde: el secreto de ser como Jesús es «poner nuestros ojos» en Él. Trate de cambiar su mirada, alejándola de aquel que le hirió y fijando sus ojos en quien le salvó.

Note la promesa de Juan: «Pero si andamos en luz, como Él está en luz, tenemos comunión unos con otros, y la sangre de Jesucristo su Hijo nos limpia de todo pecado» (1 Juan 1.7).

Aparte de la geografía y cronología, nuestra historia es la misma que la de los discípulos. No estuvimos en Jerusalén, ni estuvimos vivos esa noche. Pero lo que Jesús hizo por ellos, lo ha hecho por nosotros. Nos ha limpiado. Ha limpiado de pecado nuestros corazones.

Aun más, ¡todavía nos sigue limpiando! Juan nos dice: «Estamos *siendo limpiados* de todo pecado por la sangre de Jesús». En otras palabras, *siempre estamos siendo limpiados*. La limpieza no es una promesa para el futuro, sino una realidad en el presente. Si una mota de polvo cae en el alma de un santo, se la limpia. Si una mota de suciedad cae en el corazón de un hijo de Dios, esa suciedad es limpiada. Jesús todavía limpia los pies de sus discípulos. Jesús todavía lava las manchas. Jesús todavía purifica a las personas.

Nuestro Salvador se arrodilla y mira los actos más oscuros de nuestras vidas. Pero en lugar de retraerse con horror, se extiende en bondad y dice: «Yo puedo limpiarte, si lo quieres». De la fuente de su gracia toma a manos llenas su misericordia y lava nuestro pecado.

Pero eso no es todo. Debido a que vive en nosotros, usted y yo podemos hacer lo mismo. Porque Él nos ha perdonado, nosotros podemos perdonar a otros. Porque Él tiene un corazón perdonador, nosotros podemos tener un corazón que perdona. Podemos tener un corazón como el suyo.

«Pues si yo, el Señor y el Maestro, he lavado vuestros pies, vosotros también debéis lavaros los pies los unos a los otros. Porque ejemplo os he dado, para que como yo os he hecho, vosotros también hagáis» (Juan 13.14-15).

Jesús lava nuestros pies por dos razones. La primera es darnos misericordia; la segunda es darnos un mensaje, y ese mensaje sencillamente es: Jesús ofrece gracia incondicional; nosotros debemos ofrecer gracia incondicional. La misericordia de Cristo precede nuestros errores; nuestra misericordia debe preceder las faltas de otros. Los que se hallaban en el círculo de Cristo no tuvieron duda de su amor; los que están en nuestros círculos no deben tener duda del nuestro.

¿Qué significa tener un corazón como el de Cristo? Quiere decir arrodillarnos como Jesús se arrodilló, tocar las partes más sucias de estas personas con las que estamos clavados y lavar con bondad su grosería. O, como Pablo escribió: «Antes sed benignos unos con otros, misericordiosos, perdonándoos unos a otros, como Dios también os perdonó a vosotros en Cristo» (Efesios 4.32).

«Pero, Max», dirá usted, «yo no he hecho nada malo. Yo soy el que han engañado. No fui yo quien mintió. Yo no soy el culpable». Tal vez no lo sea. Pero Jesús tampoco lo fue. De todos los hombres en ese cuarto, solo uno era digno de que se le lavaran los pies; y fue Él quien lavó los pies de los demás. El que merecía que le sirvieran sirvió a los otros. Lo genial del ejemplo de Jesús es que el peso de establecer el puente recae sobre el fuerte, no sobre el débil. El inocente es quien debe hacer el gesto.

¿Sabe lo que ocurre? Con mayor frecuencia que no, si el que tiene razón se ofrece voluntariamente para lavar los pies del que ha hecho el mal, ambas partes se arrodillan. ¿Acaso no pensamos todos tener la razón? Por eso debemos lavarnos los pies unos a otros.

Por favor, entienda: *Las relaciones no prosperan porque se castigue al culpable sino porque el inocente es misericordioso.*

EL PODER DEL PERDÓN

Hace poco comí con unos amigos. Un matrimonio quería contarme de una tormenta por la que estaban pasando. Por toda una serie de eventos, ella se enteró de un acto de infidelidad que había ocurrido una década atrás. El esposo cometió el error de pensar que sería mejor no decírselo a la esposa; así que no se lo contó. Pero ella lo supo. Como usted puede imaginarse, ella quedó profundamente herida.

Mediante el consejo de un asesor, la pareja dejó todo lo que tenían entre manos, y se fueron por unos días. Tenían que tomar una decisión. ¿Huirían, lucharían o perdonarían? Así que oraron. Hablaron. Caminaron. Reflexionaron. En este caso la esposa tenía claramente la razón. Podía haberse ido. Hay mujeres que han hecho eso por razones menores. Podía haberse quedado y haberle hecho la vida un infierno. Otras mujeres lo han hecho. Pero ella escogió una respuesta diferente.

En la décima noche de su viaje, mi amigo encontró una tarjeta sobre su almohada. Tenía un verso impreso que decía: «Prefiero no hacer nada y estar junto a ti que hacer algo y estar sin ti». Debajo del verso ella había escrito lo siguiente:

Te perdono. Te quiero. Sigamos adelante.

La tarjeta bien pudiera haber sido una «palangana». La pluma bien pudo haber sido una jarra de agua, porque vertió misericordia, y con eso ella lavó los pies de su esposo.

Ciertos conflictos pueden resolverse solo con una palangana de agua. ¿Hay alguna relación en su mundo que tiene sed de misericordia? ¿Hay alguien sentado a su mesa que necesita que se le asegure de su gracia? Jesús se aseguró de que sus discípulos no dudaran de su amor. ¿Por qué no hace usted lo mismo?

Dios los ama a ustedes y los ha escogido para que pertenezcan a su pueblo. Vivan, pues, revestidos de verdadera compasión, bondad, humildad, mansedumbre y paciencia.

COLOSENSES 3.12, VP

CAPÍTULO TRES

EL TOQUE DE DIOS

Un corazón compasivo

¿Puedo pedirle que se mire la mano por un momento? Mire el envés, después la palma. Vuelva a familiarizarse con sus dedos. Pase su pulgar por sus nudillos.

¿Qué tal si alguien filmara un documental de sus manos? ¿Qué tal si algún productor quisiera contar su historia basándose en la vida de sus manos? ¿Qué vería? Como con todos nosotros, la película empezaría con un puño infantil, luego una vista en primer plano de una pequeña manita sosteniéndose del dedo de la mamá. Después, ¿qué? ¿Sosteniéndose de una silla cuando usted aprendía a andar? ¿Sosteniendo una cuchara cuando aprendía a comer?

No pasa mucho tiempo en el drama antes de que vea su mano mostrando afecto, acariciando la cara del papá o al perro. Tampoco pasa mucho tiempo para que vea su mano actuando agresivamente: empujando a su hermano mayor, o arrebatando un juguete. Todos nosotros aprendemos que la mano es muy apropiada para la supervivencia; es una herramienta de expresión emotiva. La misma mano puede ayudar o lastimar, extenderse o hacerse puño, levantar a alguien o empujarlo para que caiga.

Si le muestra ese documental a sus amigos, usted se sentirá orgulloso de algunos momentos: su mano extendiéndose con un regalo, poniendo un anillo en el dedo de otra persona, curando una herida, preparando una comida o plegadas en oración. Pero también hay otras escenas. Cuadros de dedos acusadores, puños crispados. Manos que toman más de lo que dan, exigiendo en lugar de ofrecer, lastimando en lugar de amar. Ah, el poder de nuestras manos. Déjelas sin control y se convierten en armas: agarrando para el poder, estrangulando para sobrevivir, seduciendo por el placer. Pero manejadas bien nuestras manos llegan a ser instrumentos de gracia: no solo instrumentos en las manos de Dios, sino *las mismas manos de Dios*. Ríndalas y esos apéndices con cinco dedos se convierten en las manos del cielo.

Eso fue lo que Jesús hizo. Nuestro Salvador rindió por completo sus manos a Dios. El documental de sus manos no tiene escenas de codicia acaparando, ni dedos señalando sin base. Lo que sí tiene, es una escena tras otra de personas que anhelan fervientemente su toque compasivo: padres llevando a sus hijos, el pobre trayendo sus temores, el pecador llevando a hombros su aflicción. Cada uno que viene recibe el toque. Cada uno que es tocado cambia. Pero ninguno fue tocado o cambiado más que un leproso anónimo según Mateo 8.

> Cuando descendió Jesús del monte, le seguía mucha gente. Y he aquí vino un leproso y se postró ante Él, diciendo: Señor, si quieres, puedes limpiarme. Jesús extendió la mano y le tocó, diciendo: Quiero; sé limpio. Y al instante su lepra desapareció. Entonces Jesús le dijo: Mira, no lo digas a nadie; sino ve, muéstrate al sacerdote, y presenta la ofrenda que ordenó Moisés, para testimonio a ellos (Mateo 8.1-4).

Marcos y Lucas escogieron contar la misma historia, pero, con las debidas disculpas a los tres escritores, debo decir que ninguno dice lo suficiente. Conocemos de la enfermedad del hombre, y su decisión, pero, ¿qué de lo demás? Se nos deja con preguntas. Los escritores no dan el nombre, ni la historia, ni descripción alguna.

PROSCRITO AL MÁXIMO

Algunas veces mi curiosidad me gana, y empiezo a hacer preguntas en voz alta. Eso es lo que voy a hacer aquí: preguntarme en voz alta sobre el hombre que sintió el toque compasivo de Jesús. Aparece una vez, tiene una petición y recibe un toque. Pero ese solo toque cambió su vida para siempre. Me pregunto si su historia sería algo así como esto:

Por cinco años nadie me tocó. Nadie. Ni una sola persona. Ni siquiera mi esposa, ni mi hija, ni mis amigos. Nadie me tocaba. Me veían. Me hablaban. Sentía cariño en sus voces. Veía preocupación en sus ojos. Pero nunca sentí su toque. No lo había. Ni una sola vez. Nadie me tocó.

Lo que es común entre ustedes, yo lo codiciaba. Apretones de mano. Cálidos abrazos. Una palmada en el hombro para llamarme la atención. Un beso en los labios para robarse un corazón. Tales momentos fueron sacados de mi mundo. Nadie me tocó. Nadie se tropezó conmigo. Qué no hubiera dado yo porque alguien se tropezara conmigo, que me apretujaran en una multitud, que mis hombros se rozaran contra los de otro. Pero por cinco años nada de eso ocurrió. ¿Cómo podría? Ni siquiera se me permitía andar por las calles. Incluso los rabinos se mantenían a distancia. No se me permitía ir a la sinagoga. Ni siquiera me recibían en mi propia casa.

Yo era un intocable. Era leproso. Nadie me tocaba. Hasta hoy.

Me pregunto por este hombre porque en los tiempos del Nuevo Testamento la lepra era la enfermedad más temida. La condición dejaba el cuerpo como una masa de úlceras y putrefacción. Los dedos se encogían y se retorcían. Pedazos de piel perdían el color y hedían. Ciertos tipos de lepra matan las terminaciones nerviosas, y eso produce la pérdida de dedos de las manos, de los pies, e incluso pies y manos. La lepra era muerte a centímetros.

Las consecuencias sociales eran más severas que las físicas. Considerada contagiosa, al leproso se le obligaba a guardar cuarentena, proscrito a una colonia de leprosos.

En las Escrituras el leproso es símbolo del máximo proscrito: infectado por una condición que no buscó, rechazado por los que lo conocían, evadido por personas que no conocía, condenado a un futuro que no podía soportar. En la memoria de cada proscrito debe haber quedado el día en que se vio obligado a enfrentar la verdad: la vida nunca sería lo mismo.

Un año durante la siega noté que mi mano no podía sostener la guadaña con la misma fuerza. Tenía los dedos adormecidos. Primero fue un dedo, y después otro. Al poco tiempo podía empuñar la guadaña pero ni siquiera la sentía. Al terminar la temporada no sentía nada con las manos. La mano que empuñaba el mango bien podía haber pertenecido a algún otro; había desaparecido toda sensación. No le dije nada a mi esposa, pero ella sospechaba algo. ¿Cómo podría no sospechar? Yo llevaba mi mano contra mi cuerpo como ave herida.

Una tarde hundí la mano en una palangana de agua para lavarme la cara. El agua se puso roja. Un dedo sangraba, con hemorragia. Ni siquiera sabía que me había lastimado. ¿Cómo me corté? ¿Con algún cuchillo? ¿Acaso rocé con la mano algún metal afilado? Debe haber sido, pero no sentí nada.

—Está también en tu ropa —me dijo mi esposa quedamente. Estaba detrás de mí. Antes de mirarla, miré las manchas rojas en mi vestido. Por largo rato me quedé sobre la palangana, contemplando mi mano. Algo me decía que mi vida había quedado alterada para siempre.

—¿Quieres que te acompañe para ir a ver al sacerdote? —me preguntó.

—No —dije con un suspiro—. Iré solo.

Me volví y vi sus ojos húmedos. Junto a ella estaba nuestra hija de tres años. Agachándome, le miré directamente a los ojos y le acaricié la mejilla, sin decir nada. ¿Qué podía decir? Me enderecé y miré a mi esposa de nuevo. Ella me tocó el hombro, y con mi mano buena toqué la de ella. Sería nuestro toque final.

Cinco años han pasado, y desde entonces nadie me había tocado, hasta ahora.

El sacerdote no me tocó. Me miró la mano, que ahora llevo envuelta en un trapo. Me miró a la cara, ahora ensombrecida por la tristeza. Nunca le he echado la culpa por lo que dijo. Sencillamente estaba haciendo según había sido instruido. Se cubrió la boca y extendió su mano, con la palma hacia afuera. «Eres inmundo», me dijo. Con ese pronunciamiento perdí a mi familia, mi granja, mi futuro, mis amigos.

Mi esposa me vino a encontrar en las puertas de la ciudad, con una bolsa de ropa, y pan y monedas. No dijo nada. Para entonces algunos amigos se habían reunido. Lo que vi en sus ojos fue precursor de lo que he visto en todo ojo desde entonces: compasión llena de temor. Cuando yo salía, ellos se alejaban. Su horror por mi enfermedad era más grande que su preocupación por mi corazón; y así ellos, al igual que todo el mundo desde entonces, retroceden.

La proscripción de un leproso parece rigurosa, innecesaria. Sin embargo, el Antiguo Oriente no ha sido la única cultura que ha aislado a sus heridos. Nosotros tal vez no construyamos colonias ni nos cubramos la boca en su presencia, pero ciertamente construimos paredes y apartamos los ojos. La persona no tiene que ser leprosa para sentirse en cuarentena.

Uno de mis recuerdos más tristes tiene que ver con mi amigo de cuarto grado, Jerry.[1] Él y otra media docena de nosotros éramos objeto eternamente presente e inseparables en el patio. Un día llamé a su casa para ver si podía salir a jugar. Contestó el teléfono una voz maldiciente, ebria, que me decía que Jerry no podía salir ni ese día ni nunca. Les conté a mis amigos lo que ocurrió. Uno de ellos me explicó que el padre de Jerry era alcohólico. No sé si supe lo que esa palabra quería decir, pero lo aprendí muy pronto. Jerry, el que jugaba segunda base; Jerry, el de la bicicleta roja; Jerry, mi amigo de la esquina era ahora «Jerry, el hijo del borracho». Los muchachos pueden ser crueles, y por alguna razón fuimos muy crueles con Jerry. Estaba infectado. Como el leproso, sufrió de una condición que él no creó. Como el leproso, lo proscribimos de nuestra población.

El divorciado conoce estos sentimientos. Igual el lisiado. El desempleado lo ha sentido, al igual que el que tiene educación escasa. Algunos se retraen de las madres solteras. Mantenemos nuestra

1. Nombre cambiado.

distancia de los deprimidos y de los enfermos deshauciados. Tenemos vecindarios para inmigrantes, asilos de convalescencia para los ancianos, escuelas para los retardados, centros para los adictos y prisiones para los criminales.

El resto sencillamente tratamos de alejarnos de todo eso. Solo Dios sabe cuántos Jerrys están en exilio voluntario: individuos que viven vidas calladas, solitarias, infectadas por sus temores de rechazo y sus recuerdos de la última vez que lo intentaron. Prefieren que no se los toque antes que arriesgarse a que se les lastime.

Ah, ¡cuánta repulsión sentían los que me veían! Cinco años de lepra me han dejado las manos retorcidas. Me faltan varias falanges en varios dedos, al igual que pedazos de mis orejas y de la nariz. Al verme los padres agarran a sus hijos. Las madres se cubren la cara. Los niños me señalan con el dedo y se quedan mirándome.

Los trapos no pueden esconder las llagas de mi cuerpo. Tampoco el trapo con que me envuelvo la cara para ocultar la ira de mis ojos. Ni siquiera trato de esconderla. ¿Cuántas noches no levanté mi puño crispado contra el cielo silencioso? «¿Qué hice para merecer esto?» Pero nunca recibí respuesta.

Algunos piensan que pequé. Algunos piensan que mis padres pecaron. No lo sé. Todo lo que sé es que me hastié de todo: de dormir en la colonia, de percibir el hedor. Me hastié de la condenada campanilla que debía llevar al cuello para advertir a la gente de mi presencia. Como si la necesitara. Una mirada y los anuncios empezaban: «¡Inmundo! ¡Inmundo! ¡Inmundo!»

Hace varias semanas me atreví a andar por el camino de la aldea. No tenía ninguna intención de entrar en ella. El cielo sabe que todo lo que quería era echar un nuevo vistazo a mis campos. Echar una mirada a mi casa, y ver, si acaso por casualidad, la cara de mi esposa. No la vi; pero vi algunos niños jugando en un potrero. Me escondí detrás de un árbol y los vi corretear y salir corriendo. Sus caras se veían tan alegres y su risa tan contagiosa que por un momento, apenas por un momento, no fui ya un leproso. Fui de nuevo un agricultor. Fui padre. Fui un hombre.

Con la infusión de la felicidad de ellos salí de detrás del árbol, enderecé mi espalda, respiré profundamente ... y entonces me vieron. Antes de que pudiera retirarme me vieron. Gritaron. Salieron al escape. Una , sin embargo, se quedó. Una se detuvo y me miró. No lo sé, ni podría decirlo con certeza, pero pienso, en realidad pienso, que era mi hija. No lo sé; no podría asegurarlo; pero pienso que ella buscaba a su padre.

Esa mirada me hizo dar el paso que di hoy. Por supuesto que fue temerario. Por supuesto que fue un riesgo. Pero ¿qué podía perder? Se llama a sí mismo el Hijo de Dios. O bien escuchaba mi queja y me mataba, o aceptaba mi demanda y me sanaba. Eso era lo que yo pensaba. Me acerqué a Él desafiándolo. No me impulsaba la fe sino una ira desesperada. Dios había hecho una calamidad en mi cuerpo, y o bien tendría que restaurarlo o acabarlo.

Pero entonces le vi, y cuando le vi cambié. Debes recordar que soy un agricultor, no poeta, así que no puedo hallar palabras para describir lo que vi. Todo lo que puedo decir es que las mañanas de Judea algunas veces son tan frescas y la salida del sol tan gloriosa que mirarla es olvidar el calor del día anterior y las heridas del pasado. Cuando miré su cara vi una mañana de Judea.

Antes de que Él hablara, supe que se interesaba. De alguna manera supe que detestaba esta enfermedad tanto, si acaso no más, que yo. Mi ira se convirtió en confianza, y mi cólera en esperanza.

Oculto detrás de una piedra le vi descender de la colina. Multitudes le seguían. Esperé hasta que estuviera a pocos pasos de donde yo estaba, y entonces me presenté.

—¡Maestro!

Se detuvo y me miró, al igual que docenas de otros. Un torrente de temor recorrió la multitud. Los brazos volaron para cubrir las caras. Los niños se agazaparon detrás de sus padres. «¡Inmundo!» gritó alguien. De nuevo, no los culpo. Yo era una masa maltrecha de muerte. Pero casi ni los oía. Casi ni los veía. He visto mil veces su pánico. No obstante, la compasión de Él nunca la había contemplado. Todo el mundo retrocedió, excepto Él. Entonces avanzó hacia mí. Hacia mí.

Cinco años atrás mi esposa se me había acercado. Ella fue la última en hacerlo. Ahora Él lo hacía. No me moví. Sencillamente le dije:

—Señor: tú puedes limpiarme, si lo quieres.

Si Él me hubiera sanado con una palabra, hubiera quedado más que encantado. Si me hubiera curado con una oración, me habría regocijado. Pero no quedó satisfecho con hablarme. Se me acercó. Me tocó. Cinco años atrás mi esposa me había tocado. Desde entonces nadie me había tocado. Hasta hoy.

—Quiero —sus palabras fueron tiernas como su toque—. Sé limpio.

La energía me llenó el cuerpo como el agua en un campo arado. En un instante, en un momento, sentí calor donde había habido insensibilidad. Sentí fuerza donde había habido atrofia. Mi espalda se enderezó, y mi cabeza se levantó. Donde yo había estado con un ojo a nivel de su cintura, ahora estaba mirándolo al nivel de su cara. Su cara sonriente.

Me tomó las mejillas con sus manos, y me acercó tanto que pude sentir el calor de su aliento y ver la humedad de sus ojos.

—No lo digas a nadie. Pero ve y muéstrate al sacerdote, y ofrece la ofrenda que Moisés ordenó para la gente que es sanada. Esto le mostrará a la gente lo que he hecho.

Y eso es lo que estoy haciendo. Voy a mostrarme al sacerdote y abrazarlo. Me mostraré a mi esposa, y la abrazaré. Levantaré a mi hija, y la abrazaré. Nunca olvidaré al que se atrevió a tocarme. Podía haberme sanado con una palabra; pero quería hacer más que sanarme. Quería darme honor, validarme. Imagínate: indigno de que me toque el hombre, y sin embargo digno del toque de Dios.

EL PODER DEL TOQUE DIVINO

El toque no sanó la enfermedad, como usted sabe. Mateo es cuidadoso al mencionar que fue el pronunciamiento de Cristo y no su toque lo que curó la enfermedad. «Jesús extendió la mano y le tocó, diciendo: Quiero; sé limpio. Y al instante su lepra desapareció» (Mateo 8.3).

La infección desapareció por la palabra de Jesús.

La soledad, sin embargo, fue tratada por el toque de Jesús.

Ah, el poder de un toque divino. ¿No lo ha conocido usted? ¿El médico que lo trató, o la maestra que secó sus lágrimas? ¿Hubo una mano sosteniendo la suya en el funeral? ¿Otra en su hombro durante la prueba? ¿Un apretón de manos dándole la bienvenida a su nuevo trabajo? ¿Una oración pastoral por sanidad? ¿No hemos conocido el poder de un toque divino?

¿Acaso no podemos ofrecer lo mismo?

Muchos ya lo hacen. Algunos tienen el toque maestro del Médico mismo. Usan sus manos para orar por los enfermos y ministrar a los débiles. Si usted no está tocándoles personalmente, sus manos están escribiendo cartas, marcando números telefónicos, horneando pan. Usted ha aprendido el poder del toque.

Pero otros tendemos a olvidarnos. Nuestros corazones son buenos; es solo que nuestros recuerdos son malos. Nos olvidamos cuán significativo puede ser un toque. Tenemos miedo de decir cosas equivocadas, o usar el tono errado de voz, o actuar equivocadamente. Así que antes de hacerlo incorrectamente, no hacemos nada.

¿No nos alegramos de que Jesús no cometió semejante equivocación? Si su temor de hacer algo equivocado le previene de hacer algo, tenga presente la perspectiva de los leprosos del mundo. No son quisquillosos. No son remilgados. Sencillamente están solos. Están anhelando un toque divino.

Jesús tocó a los intocables del mundo. ¿Hará usted lo mismo?

Pero sed hacedores de la palabra, y no tan solamente oidores, engañándoos a vosotros mismos. Porque si alguno es oidor de la palabra pero no hacedor de ella, éste es semejante al hombre que considera en un espejo su rostro natural. Porque él se considera a sí mismo, y se va, y luego olvida cómo era.

SANTIAGO 1.22-24

CAPÍTULO CUATRO

OIGA LA MÚSICA DIVINA

Un corazón que escucha

«El que tenga oídos para oír, úselos».

Más de una vez Jesús dijo estas palabras. Ocho veces en los Evangelios y ocho veces en el libro de Apocalipsis[1] se nos recuerda que no es suficiente tener oídos; es necesario usarlos.

En una de sus parábolas[2] Jesús comparó nuestros oídos al terreno. Contó de un agricultor que esparció la semilla (símbolo de la Palabra) en cuatro diferentes tipos de terreno (símbolo de nuestros oídos). Algunos de nuestros oídos son como camino endurecido: no receptivo a la semilla. Otros tienen oídos como terreno pedregoso: oímos la Palabra pero no le permitimos que eche raíz. Otros más tienen oídos como un terreno lleno de hierbas malas: demasiado crecidas, demasiado espinosas, con demasiada competencia para que la semilla tenga una oportunidad. Pero hay algunos que tienen oídos para oír: bien arados, capaces de discernir y listos para oír la voz de Dios.

1. Mateo 11.15; 13.9,43; Marcos 4.9,23; 8.18; Lucas 8.8; 14.35; Apocalipsis 2.7, 11,17,29; 3.6,13,22; 13.9.
2. Marcos 4.1-20

Por favor, note que en todos los casos la semilla es la misma. El sembrador es el mismo. La diferencia no está en el mensaje ni en el mensajero, sino en el que oye. Si la proporción de la historia es significativa, tres cuartas partes del mundo no están oyendo la voz de Dios. Sea debido a corazones duros, vidas superficiales o mentes llenas de ansiedad, el setenta y cinco por ciento de nosotros estamos perdiéndonos el mensaje.

No es que nos falten oídos; es que no los usamos.

Las Escrituras siempre han dado gran importancia a oír la voz de Dios. A decir verdad, el gran mandamiento de Dios por medio de Moisés empieza con las palabras: «Oye, Israel: Jehová nuestro Dios, Jehová uno es» (Deuteronomio 6.4). Nehemías y sus hombres recibieron elogios porque «estaban atentos al libro de la ley» (Nehemías 8.3). «Bienaventurado el hombre que me escucha» es la promesa de Proverbios 8.34. Jesús nos insta a que aprendamos a oír como ovejas. «Las ovejas reconocen su voz ... las ovejas lo siguen porque reconocen su voz. En cambio, no siguen a un desconocido, sino que huyen de él, porque no conocen la voz de los desconocidos» (Juan 10.3-5, VP). A cada una de las siete iglesias en Apocalipsis se les dice lo mismo: «El que tiene oído, oiga lo que el Espíritu dice a las iglesias».[3]

Nuestros oídos, a diferencia de nuestros ojos, no tienen tapas. Deben permanecer abiertos, pero cuán fácilmente se cierran.

Denalyn y yo estábamos comprando algunas maletas hace algún tiempo. Hallamos lo que queríamos en un almacén, y le dijimos al vendedor que íbamos a ir a otro almacén para comparar precios. Me preguntó si quería una tarjeta personal. Le dije:

—No; su nombre es fácil de recordar, Roberto.

A lo cual replicó:

—Me llamó José.

Había oído al hombre, pero no le había escuchado.

Pilato tampoco escuchó. Tenía el clásico caso de oídos que no oyen. No solo que su esposa le advirtió: «No tengas nada que ver con

---

3. Apocalipsis 2.7,11,17,29; 3.6,13,22.

ese justo» (Mateo 27.19), sino que el mismo Verbo de vida estaba ante Pilato en su cámara y proclamó: «Todo aquel que es de la verdad, oye mi voz» (Juan 18.37). Pero Pilato tenía oídos selectivos. Permitió que las voces del pueblo dominaran las voces de la conciencia y la del Carpintero. «Las voces de ellos y de los principales sacerdotes prevalecieron» (Lucas 23.23).

Al final Pilato inclinó su oído a la muchedumbre y lo alejó de Cristo, e ignoró el mensaje del Mesías. «La fe viene por el oír» (Romanos 10.17), y puesto que Pilato no oyó, nunca encontró fe.

«El que tiene oídos para oír, úselos». ¿Cuánto tiempo ha pasado desde que usted se hizo revisar sus oídos? Cuando Dios esparce la semilla, ¿cuál es el resultado? ¿Puedo hacerle una o dos preguntas para probar cuán bien oye usted la voz de Dios?

¿CUÁNTO TIEMPO HA PASADO DESDE LA ÚLTIMA VEZ QUE DEJÓ QUE DIOS SE APODERARA DE USTED?

¿Quiero decir realmente *apoderarse* de usted? ¿Cuánto tiempo ha pasado desde que le dio una porción de tiempo, sin diluir, sin interrupciones, para escuchar su voz? Evidentemente Jesús lo hacía. Hizo esfuerzos deliberados para pasar tiempo con Dios.

Pase mucho tiempo leyendo respecto a cómo Jesús escuchaba y emergerá un patrón distintivo. Él pasaba regularmente tiempo con Dios, orando y escuchando. Marcos dice: «Levantándose muy de mañana, siendo aún muy oscuro, salió y se fue a un lugar desierto, y allí oraba» (Marcos 1.35). Lucas nos dice: «Mas Él se apartaba a lugares desiertos, y oraba» (Lucas 5.16).

Permítame preguntarle lo obvio. Si Jesús, el Hijo de Dios, el Salvador sin pecado de la humanidad, pensó que valía la pena dejar libre su calendario para orar, ¿no será sabio que nosotros hagamos lo mismo?

No solo que Él pasaba regularmente tiempo con Dios en oración, sino que pasaba regularmente tiempo en la Palabra de Dios. Por supuesto, no vemos a Jesús sacando de su mochila un Nuevo Testamento encuadernado en cuero y leyéndolo. Lo que sí vemos, sin embargo, es el impresionante ejemplo de Jesús, en el fragor de la tentación en el desierto, usando la Palabra de Dios para enfrentarse a Satanás. Tres veces fue tentado, y cada vez repelió el ataque con la frase: «Está escrito en las Escrituras» (Lucas 4.4,8,12), y entonces citó un versículo. Jesús estaba tan familiarizado con las Escrituras que no solo sabía el versículo, sino que sabía cómo usarlo.

Después tenemos la ocasión cuando a Jesús se le pidió que leyera en la sinagoga. Se le dio el libro del profeta Isaías. Halló el pasaje, lo leyó, y declaró: «Hoy se ha cumplido esta Escritura delante de vosotros» (Lucas 4.21). Se nos da el cuadro de una persona que sabe abrirse paso en las Escrituras y puede reconocer su cumplimiento. Si Jesús pensó que era sabio familiarizarse con la Biblia, ¿no deberíamos hacer lo mismo?

Si vamos a ser como Jesús, si vamos a tener oídos que oyen la voz de Dios, entonces hemos hallado dos hábitos dignos de imitar: los hábitos de la oración y de la lectura de la Biblia. Considere estos versículos:

> Gozosos en la esperanza; sufridos en la tribulación; *constantes en la oración* (Romanos 12.12; cursivas añadidas).

> Mas el que mira atentamente en la perfecta ley, la de la libertad, y persevera en ella, no siendo oidor olvidadizo, sino hacedor de la obra, éste será bienaventurado en lo que hace (Santiago 1.25).

Si vamos a ser como Jesús, debemos tener un tiempo regular para hablar con Dios y escuchar su Palabra.

ESPIRITUALIDAD PRESTADA

Un momento. No lo haga. Sé exactamente lo que algunos de ustedes están haciendo. Están cerrando sus oídos. *Lucado está hablando de devocionales diarios, ¿verdad? Este es un buen momento para irme mentalmente al refrigerador y ver qué hay para comer.*

Comprendo su renuencia. Algunos hemos tratado de tener momentos devocionales diarios y no lo hemos logrado. Otros hemos tenido dificultades para concentrarnos. Todos estamos muy ocupados. Así que en lugar de pasar tiempo con Dios, escuchando su voz, dejamos que otros pasen el tiempo con Él y entonces nos beneficiamos de su experiencia. Dejémosles que ellos nos digan lo que Dios está diciendo. Después de todo, ¿no es para eso que les pagamos a los predicadores? ¿No es por eso que leemos libros cristianos? *Estos tipos son buenos para las devociones diarias. Sencillamente aprenderé de ellos.*

Si ese es su método, si sus experiencias espirituales son de segunda mano en lugar de ser de primera mano, me gustaría retarle con este pensamiento: ¿Hace eso usted con otras partes de su vida? Pienso que no.

No hace eso con sus vacaciones. Usted no dice: «Las vacaciones son toda una molestia, con eso de empacar maletas y viajar. Voy a enviar a alguien para que tome vacaciones por mí. Cuando regrese, oiré todo lo que tiene que decir y me ahorraré las inconveniencias». ¿Le gustaría eso? ¡No! Usted quiere experimentarlo en carne propia. Quiere ver los paisajes con sus propios ojos, y quiere que sea su propio cuerpo el que descansa. Hay ciertas cosas que nadie puede hacer por usted.

Usted no hace eso con el romance. Usted no dice: «Estoy enamorado de esa persona maravillosa, pero el romance es todo un fastidio. Voy a contratar a un amante prestado para que disfrute del romance en mi lugar. Luego oiré todo lo que tiene que decir, y me ahorraré la inconveniencia». ¿Haría usted tal cosa? Ni pensarlo. Usted quiere experimentar el romance en carne propia. No quiere perderse ni una palabra ni una cita, y ciertamente no quiere perderse ese beso, ¿verdad? Hay ciertas cosas que nadie puede hacer por usted.

Usted no deja que alguien coma en su lugar, ¿verdad? Usted no dice: «Masticar es una molestia. Mis mandíbulas se cansan, y la variedad de sabores es abrumadora. Voy a contratar a alguien para que mastique mi comida, y yo tragaré después cualquier cosa que me dé. ¿Haría usted tal cosa? ¡Uf! ¡Por supuesto que no! Hay ciertas cosas que nadie puede hacer por usted.

Y una de esas es pasar tiempo con Dios.

Escuchar a Dios es una experiencia de primera mano. Cuando Dios pide su atención, no quiere que usted envíe a un sustituto; lo quiere a usted. Le invita a *usted* a tomar vacaciones en su esplendor. Le invita a que *usted* sienta el toque de su mano. Le invita a *usted* a que disfrute del banquete a su mesa. Quiere pasar tiempo con *usted*. Y con un poco de adiestramiento, su tiempo con Dios puede ser el punto más destacado de su día.

Un amigo mío se casó con una soprano de ópera. A ella le encantan los conciertos. Sus años en la universidad los pasó en el departamento de música, y sus recuerdos de la infancia son de teclados y graderíos de coros. Él, por otro lado, se inclina más hacia los partidos deportivos y la música popular. También ama a su esposa, así que, ocasionalmente asiste a la ópera. Los dos se sientan juntos en el mismo auditorio, escuchan la misma música, con dos respuestas completamente diferentes. Él se duerme, y ella llora.

Creo que la diferencia es más que gustos. Es preparación. Ella ha pasado horas aprendiendo a apreciar el arte de la música. Él no ha dedicado ninguna a eso. Los oídos de ella son sensibles como un medidor Geiger. Él no puede diferenciar entre *staccato* y *legato*. Pero está tratando de hacerlo. La última vez que hablamos de conciertos, me dijo que se las arregla para permanecer despierto. Tal vez nunca tenga el mismo oído que su esposa, pero con el tiempo está aprendiendo a escuchar y a apreciar la música.

CUANDO SE APRENDE A ESCUCHAR

Estoy convencido de que nosotros también podemos. Equipados con las herramientas apropiadas podemos aprender a escuchar a Dios. ¿Cuáles son esas herramientas? Las siguientes son las que he hallado útiles.

Un tiempo y lugar regulares. Seleccione un período en su horario y un rincón en su mundo, y sepárelo para Dios. Para algunos tal vez sea mejor hacerlo en la mañana. «De mañana mi oración se presentará delante de ti» (Salmo 88.13). Otros prefieren por la noche y concuerdan con la oración de David: «Suba mi oración delante de ti como ... la ofrenda de la tarde» (Salmo 141.2). Otros prefieren muchos encuentros durante el día. Al parecer el autor del Salmo 55 lo hacía así. Escribió: «Tarde y mañana y a mediodía oraré y clamaré» (Salmo 55.17).

Algunos se sientan debajo de un árbol, otros en la cocina. Tal vez usted tenga que recorrer cierta distancia para ir a su trabajo, o tal vez su hora del almuerzo sea la apropiada. Busque la hora y el lugar apropiados.

¿Cuánto tiempo debe tomar? Todo lo que necesite. Valore la calidad más que la cantidad. Su tiempo con Dios debe durar lo suficiente como para que usted pueda decir lo que quiere decir y que Dios diga lo que quiere decir. Lo que nos lleva al segundo recurso que usted necesita: *una Biblia abierta.*

Dios nos habla por medio de su Palabra. El primer paso al leer la Biblia es pedirle a Dios ayuda para comprenderla. «Mas el Consolador, el Espíritu Santo, a quien el Padre enviará en mi nombre, Él os enseñará todas las cosas, y os recordará todo lo que yo os he dicho» (Juan 14.26).

Antes de leer la Biblia, ore. No se acerque a las Escrituras buscando sus propias ideas; busque las de Dios. Lea la Biblia con oración. También, léala con cuidado. Jesús nos dijo: «Buscad, y hallaréis» (Mateo 7.7). Dios elogia a los que meditan en las Escrituras noche y día (véase Salmo 1.2). La Biblia no es un periódico en el que se leen los titulares, sino una mina que hay que aprovechar. «Si como a la plata la buscares, y la escudriñares como a tesoros, entonces entenderás el temor de Jehová, y hallarás el conocimiento de Dios» (Proverbios 2.4-5).

Este es un punto práctico. Estudie la Biblia un poco a la vez. Dios parece enviar mensajes como enviaba el maná: una porción para un día a la vez. Él provee «mandamiento tras mandamiento, mandato sobre mandato, renglón tras renglón, línea sobre línea, un poquito allí, otro poquito allá» (Isaías 28.10). Prefiera profundidad a cantidad. Lea hasta que un versículo «le golpee», entonces deténgase y medite en él. Copie ese versículo en un papel, o escríbalo en su diario, y reflexione en él varias veces.

La mañana en que escribí este capítulo, por ejemplo, mi tiempo devocional me halló en Mateo 18. Había leído apenas cuatro versículos cuando leí: *«El más importante en el Reino de Dios es el que se humilla y se vuelve como este niño»*. No tuve que seguir adelante. Copié las palabras en mi diario, y he meditado y pensado en ellas durante el día. Varias veces le he preguntado a Dios: «¿Cómo puedo ser más como un niño?» Para el final del día me vino el recuerdo de mi tendencia a andar apurado y mi proclividad a afanarme.

¿Aprenderé lo que Dios quiere? Si escucho, lo aprenderé.

No se desanime si su lectura cosecha poco. Algunos días una porción menor es todo lo que necesitamos. Una niñita regresó de su primer día en la escuela. Su mamá le preguntó:

—¿Aprendiste algo?

—Me parece que no —respondió la niña—. Tengo que volver mañana, y pasado mañana, y todos los días.

Ese es el caso con el aprendizaje. Es el mismo caso con el estudio de la Biblia. La comprensión viene un poco a la vez, y por toda la vida.

Hay un tercer recurso o herramienta para tener un tiempo productivo con Dios. No solo necesitamos un tiempo regular y una Biblia abierta, sino que también necesitamos *un corazón que escucha*. No olvide la amonestación de Santiago: «Pero el que no olvida lo que oye, sino que se fija atentamente en la ley perfecta, que es la ley que nos trae libertad, y permanece firme cumpliendo lo que ella manda, será feliz en lo que hace» (Santiago 1.25, VP).

Sabemos que estamos escuchando a Dios cuando lo que leemos en la Biblia es lo que otros ven en nuestras vidas. Tal vez usted haya oído el cuento del tonto que vio un anuncio de un crucero. El rótulo en la vitrina de la agencia de viajes decía: «Crucero: $100, en efectivo».

Yo tengo los $100, pensó, *y me gustaría ir en ese viaje*. Así que entró y dijo lo que quería. El empleado le pidió el dinero, y el tonto empezó a contarlo. Cuando llegó a cien, recibió un tremendo garrotazo que lo dejó sin sentido. Se despertó metido en un barril flotando en un río. Otro tonto en otro barril pasó por allí, y el primero le preguntó:

—Oiga, ¿sirven almuerzo en este crucero?

El otro le contestó:

—No lo sirvieron el año pasado.

Una cosa es no saber; es otra muy distinta saber y no aprender. Pablo instó a sus lectores a que pusieran en práctica lo que habían aprendido de él. «Pongan en práctica lo que les enseñé y las instrucciones que les di, lo que me oyeron decir y lo que me vieron hacer, háganlo así» (Filipenses 4.9, VP).

Si usted quiere ser como Jesús, deje que Dios se apodere de usted. Pase tiempo escuchándole hasta que reciba su lección para el día; después, aplíquela.

Tengo otra pregunta para examinar su oído. Léala, y vea cómo le va.

¿CUÁNTO TIEMPO HA PASADO DESDE LA ÚLTIMA VEZ QUE DEJÓ QUE DIOS LO AMARA?

Mis hijas ya están muy crecidas para esto, pero cuando eran pequeñas, en la cuna y con pañales, yo llegaba a casa, gritaba sus nombres y las veía venir corriendo con sus brazos extendidos y chillando de alegría.

Por los siguientes minutos hablábamos el lenguaje del cariño. Rodábamos por el suelo, les acariciaba la barriga, les hacía cosquillas y nos reíamos y jugábamos.

Nos alegrábamos con la presencia del otro. No me pedían nada como no fuera: «Juguemos, papá». Yo no les exigía nada, como no fuera: «No le pegues a papá con el martillo».

Mis hijas me dejaban que las quisiera.

Pero supóngase que mis hijas se me hubieran acercado de la manera en que nosotros a menudo nos acercamos a Dios: «Oye, papá: Me alegro de que hayas llegado. Esto es lo que quiero. Más juguetes. Más dulces. ¿Podemos ir a un parque de diversiones estas vacaciones?»

«¡Hey!» Hubiera querido decir. «No soy mesero, ni tampoco esto es un restaurante. Soy tu padre, y esta es nuestra casa. ¿Por qué no te subes a las rodillas de papá y me dejas decirte cuánto te quiero?»

¿Ha pensado alguna vez que Dios quisiera hacer lo mismo con usted? *Ah, Él nunca me diría tal cosa*. ¿No se las diría? Entonces a quién le estaba hablando cuando dijo: «Yo te he amado con amor eterno» (Jeremías 31.3, VP)? ¿Estaba Él jugando cuando dijo: «¡Nada podrá separarnos del amor que Dios nos ha mostrado en Cristo Jesús nuestro Señor!» (Romanos 8.39, VP)? Sepultado entre las minas muy poco explotadas de los profetas menores se halla esta gema:

> Jehová está en medio de ti, poderoso, Él salvará; se gozará sobre ti con alegría, callará de amor, se regocijará sobre ti con cánticos (Sofonías 3.17).

No pase demasiado rápido por ese versículo. Léalo de nuevo y prepárese para una sorpresa:

> Jehová está en medio de ti, poderoso, Él salvará; se gozará sobre ti con alegría, callará de amor, se regocijará sobre ti con cánticos (Sofonías 3.17).

Note quién está activo y quién está pasivo. ¿Quién es el que canta, y quién es el que descansa? ¿Quién se alegra por su ser querido, y por quién se regocija?

Tendemos a pensar que nosotros somos los cantores y que es de Dios de quien cantamos. En la mayoría de los casos esto es así. Pero evidentemente hay ocasiones cuando Dios quisiera que nos quedemos sencillamente quietos y (¡qué pensamiento más pasmoso!) que le dejáramos que nos cante.

Ya lo veo a usted retorciéndose en su asiento. ¿Dice usted que no se preocupa por tal afecto? Tampoco Judas, pero Jesús le lavó los pies. Tampoco Pedro, pero Jesús le preparó el desayuno. Tampoco los discípulos que iban a Emaús, pero Jesús se dio tiempo para sentarse con ellos a la mesa.

Además, ¿quiénes somos nosotros para determinar si somos dignos? Nuestra tarea es sencillamente estar quietos lo suficiente como para dejar que Dios se apodere de nosotros y nos ame.

¿OYE LA MÚSICA?

Voy a concluir contándole algo que tal vez haya oído antes, aun cuando no lo haya escuchado como se lo voy a contar. Lo ha oído, porque usted participa en la historia. Usted es uno de los personajes. Es la historia de los bailarines que no tenían música.

¿Puede imaginarse lo difícil que sería? ¿Bailar sin música? Día tras día llegaban a un gran salón en la esquina de las calles Principal y Ancha. Traían consigo a sus esposas. Traían a sus esposos. Traían a sus hijos y sus esperanzas. Venían para danzar.

El salón estaba preparado para el baile. Serpentinas por todos lados, y tazones llenos de refrescos. Las sillas estaban colocadas contra las paredes. La gente llegaba y tomaba asiento, sabiendo que habían venido para bailar pero sin saber cómo porque no había música. Tenían globos; tenían tortas. Incluso había un escenario en el cual hubieran podido tocar los músicos, pero no había músicos.

Una vez un tipo larguirucho dijo que era músico. Parecía serlo, con su barba hasta la cintura y un lujoso violín. Todos se pusieron de pie el día en que él se levantó frente a ellos, sacó el violín de su estuche, y se lo colocó bajo la barbilla. *Ahora vamos a bailar*, pensaron, pero se equivocaron. El hombre tenía un violín, pero sin cuerdas. El movimiento de vaivén del arco producía ruidos como el rechinar de una bisagra sin aceite. ¿Quién puede bailar con ruidos como esos? Así que los danzantes volvieron a sus asientos.

Algunos trataron de bailar sin música. Una esposa convenció a su esposo para que lo intentaran, y se lanzaron a la pista; ella bailaba a su manera, y él a la suya. Ambos esfuerzos eran dignos de encomio; pero distaban mucho de ser compatibles. Él danzaba algo así como un tango sin compañera, mientras ella daba vueltas como una bailarina de ballet. Unos pocos trataron de imitarlos, pero puesto que no oían nada, no sabían cómo seguir. El resultado fue una docena de bailarines sin música, moviéndose por todos lados, tropezándose unos contra otros, y haciendo que más de un observador buscara refugio detrás de una silla.

A la larga, sin embargo, los bailarines se cansaron, y todo el mundo volvió a sentarse y a quedarse mirando, y a preguntarse si algo iba a pasar alguna vez. Un día ocurrió.

No todo el mundo lo vio entrar; solo unos pocos. Nada había en su apariencia que llamara la atención. Su apariencia era ordinaria, pero no su música. Empezó a cantar una canción, suave y dulce, cálida y emotiva. Su canción eliminó el hielo del aire y produjo un calor como de crepúsculo de verano en los corazones.

Mientras cantaba, la gente se puso de pie, unos pocos al principio, después muchos; y empezaron a danzar. Juntos. Siguiendo una música que nunca antes habían oído, bailaron.

Algunos, sin embargo, se quedaron sentados. ¿Qué clase de músico es este que nunca prepara su escenario? ¿No trae su banda? ¿No viste traje especial? Los músicos no salen simplemente de la calle.

Tienen su séquito, su reputación, una fama que proyectar y proteger. De este tipo, ¡ni siquiera se menciona mucho su nombre!

«¿Cómo podemos saber que lo que está cantando es realmente música?», cuestionaron.

La respuesta del cantante fue al punto: «El que tenga oídos para oír, úselos».

Pero los que no bailaban se rehusaban a oír. Rehusaban danzar. Muchos todavía rehúsan. El músico viene y canta. Algunos danzan; otros no. Algunos hallan música para la vida; otros viven en silencio. A los que se pierden la música, el músico les hace el mismo llamamiento: «El que tiene oídos para oír, úselos».

Un tiempo y lugar regular.
Una Biblia abierta.
Un corazón abierto.

Deje que Dios se apodere de usted, y permita que lo ame; y no se sorprenda si su corazón empieza a oír música que nunca antes había oído, y sus pies empiezan a danzar como nunca antes.

Yo en ellos, y tú en mí, para que sean perfectos en unidad, para que el mundo conozca que tú me enviaste, y que los has amado a ellos como también a mí me has amado.

JUAN 17.23

CAPÍTULO CINCO

DÉJESE GUIAR POR UNA MANO INVISIBLE

Un corazón embriagado de Dios

Es un día en verdad maravilloso cuando dejamos de trabajar para Dios y empezamos a trabajar con Dios. (Adelante, lea de nuevo la frase.)

Por años yo vi a Dios como un Gerente de Empresa compasivo, y mi papel como un vendedor leal. Él tenía su oficina, y yo tenía mi territorio. Podía ponerme en contacto con Él cuantas veces quisiera. Él siempre estaba al alcance del teléfono o del fax. Me animaba, me respaldaba y me sostenía, pero nunca me acompañaba. Por lo menos no pensaba que iría conmigo. Entonces leí 2 Corintios 6.1: Nosotros somos «colaboradores suyos».

¿Colaboradores? ¿Dios y yo trabajando juntos? Imagínese el cambio de paradigma que esto produce. En lugar de presentarle informes a Dios, trabajamos *con* Dios. En lugar de reportarnos a Él y luego salir, nos presentamos a Él y luego le seguimos. Siempre estamos en la presencia de Dios. Nunca dejamos la iglesia. ¡Nunca hay un momento que no sea sagrado! Su presencia jamás disminuye. Nuestra noción de su presencia puede vacilar, pero la realidad de su presencia jamás cambia.

Esto me lleva a una gran pregunta: Si Dios está perpetuamente presente, ¿es posible disfrutar de comunión inacabable con Él? En el capítulo anterior hablamos de la importancia de separar tiempo diariamente para pasarlo con Dios. Demos un paso más adelante. Un paso gigantesco. ¿Qué tal si nuestra comunión diaria jamás cesa? ¿Sería posible vivir, *minuto tras minuto*, en la presencia de Dios? ¿Es posible tal intimidad? Un hombre que luchó con estas preguntas escribió:

> ¿Podemos tener contacto con Dios todo el tiempo? ¿Todo el tiempo que estamos despiertos, dormirnos en sus brazos, y despertarnos en su presencia? ¿Podemos lograrlo? ¿Podemos hacer su voluntad todo el tiempo? ¿Podemos pensar sus pensamientos todo el tiempo? ... ¿Puedo poner al Señor de nuevo en mi mente cada pocos segundos para que Dios esté siempre en mi mente? Escojo hacer del resto de mi vida un experimento para responder esta pregunta.[1]

Estas palabras se hallan en el diario de Frank Laubach. Nació en los Estados Unidos en 1884, y fue misionero a los analfabetos, a los que enseñaba a leer para que pudieran conocer la belleza de las Escrituras. Lo que me fascina de este hombre, sin embargo, no es su enseñanza. Lo que me fascina es su manera de escuchar. Insatisfecho con su vida espiritual, a los cuarenta y cinco años Laubach resolvió vivir «en continua conversación íntima con Dios y en perfecta respuesta a su voluntad».[2]

Anotó en su diario un historial de su experimento, que comenzó el 30 de enero de 1930. Las palabras de Laubach me han inspirado tanto que he incluido aquí varios fragmentos. Al leerlas, tenga presente que

1. Hno. Lawrence y Frank Laubach, *Practicing His Presence* [La práctica de su presencia], Christian Books, Goleta, CA, 1973. Usado por bondadoso permiso del Dr. Robert S. Laubach y Gene Edwards.
2. *Ibid*

no fueron escritas por un monje en un monasterio, sino por un instructor muy ocupado y dedicado. Cuando murió en 1970, Laubach y sus técnicas de educación se conocían en casi todos los continentes. Se le respetaba ampliamente, y había viajado mucho. Sin embargo, el deseo de su corazón no era el reconocimiento, sino la comunión ininterrumpida con el Padre.

26 DE ENERO DE 1930: Siento a Dios en cada movimiento, por un acto de la voluntad: al desear que Él dirija estos dedos que ahora golpean esta máquina de escribir; al desear que Él obre en mis pasos cuando camino.

1 DE MARZO DE 1930: Este sentimiento de ser dirigido por una mano invisible que toma la mía mientras que otra mano se extiende por delante y prepara el camino crece en mí diariamente ... algunas veces requiere largo tiempo en la mañana. Decidí no levantarme de la cama sino cuando mi mente haya quedado fija en el Señor.

18 DE ABRIL DE 1930: He probado la emoción de la comunión con Dios que ha hecho desagradable todo lo que sea discordante con Dios. Esta tarde la posesión de Dios me ha atrapado con tal gozo indecible que pensé que nunca había conocido algo parecido. Dios estaba tan cerca y tan asombrosamente encantador que sentí como si me derritiera por completo con un contentamiento extrañamente bendito. Habiendo tenido esta experiencia, que ahora me viene varias veces a la semana, la emoción de la inmundicia me repele, porque conozco su poder para arrastrarme y alejarme de Dios. Después de una hora de íntima amistad con Dios mi alma se siente limpia, como nieve recién caída.

14 DE MAYO DE 1930: Ah, esto de mantener constante contacto con Dios, de hacerle el objeto de mi pensamiento y compañero de mis conversaciones, es lo más asombroso con que jamás me he topado. Resulta. No puedo hacerlo ni siquiera por medio día; todavía no, pero creo que lo haré algún día por un día entero. Es cuestión de adquirir un nuevo hábito de pensamiento.

24 DE MAYO DE 1930: Esta concentración en Dios es agotadora, pero todo lo demás ha dejado de serlo. Pienso más claramente, y me olvido con menos frecuencia. Las cosas que hacía antes con esfuerzo, ahora las hago con facilidad y sin esfuerzo alguno. No me preocupo por nada, ni pierdo sueño. Camino como en el aire una buena parte del tiempo. Incluso el espejo revela una nueva luz en mis ojos y cara. Ya no me siento apurado en cuanto a nada. Todo parece andar bien. Cada minuto lo enfrento con calma como si no fuera importante. Nada puede salir mal excepto una cosa: que Dios pudiera salirse de mi mente.

1º DE JUNIO DE 1930: ¡Oh, Dios, qué nueva cercanía nos da esto a ti y a mí, darme cuenta de que solo tú puedes comprenderme, que solo tú lo sabes todo! ¡Ya no eres un extraño, Dios! ¡Eres el único ser en el universo que no es parcialmente un extraño! ¡Eres todo dentro de mí: aquí ... Pienso luchar esta noche y mañana como nunca antes, sin dejarte ni un instante. Porque cuando te pierdo por una hora, pierdo. Lo que tú quieres que se haga puede hacerse solo cuando tú tienes toda la influencia, todo el tiempo.

El lunes pasado fue el día más completamente exitoso de toda mi vida hasta la fecha, en lo que respecta a dar mi día en

> completa y continua rendición a Dios ... Recuerdo cómo al mirar a las personas con el amor que Dios dio, me miraban y reaccionaban como si quisieran acompañarme. Sentí entonces que por un día vi un poco de esa atracción maravillosa que Jesús tenía cuando caminaba por el camino después de un día «embriagado de Dios» y radiante con la comunión interminable de su alma con Dios.[3]

¿Qué piensa usted de la aventura de Frank Laubach? ¿Cómo respondería usted a sus preguntas? *¿Podemos tener contacto con Dios todo el tiempo? ¿Todo el tiempo despiertos, dormirnos en sus brazos y despertarnos en su presencia?* ¿Podemos lograr *eso?*

¿Es realista esta meta? ¿Está al alcance? ¿Piensa usted que la idea de constante comunión con Dios es algo fanática, incluso extrema? Sea lo que sea su opinión respecto a la aventura de Laubach, usted tiene que convenir con su observación de que Jesús disfrutaba de comunión ininterrumpida con Dios. Si vamos a ser como Jesús, usted y yo nos esforzaremos por hacer lo mismo.

EL TRADUCTOR DE DIOS

La relación de Jesús con Dios era mucho más profunda que una cita diaria. Nuestro Salvador siempre estaba consciente de la presencia de su Padre. Escuche sus palabras:

> No puede el Hijo hacer nada por sí mismo, sino lo que ve hacer al Padre; porque todo lo que el Padre hace, también lo hace el Hijo igualmente (Juan 5.19).

---

3. *Ibid*

> No puedo yo hacer nada por mí mismo; según oigo, así juzgo (Juan 5.30).

> Yo soy en el Padre, y el Padre en mí (Juan 14.11).

Es claro que Jesús no actuaba a menos que viera al Padre actuar. No juzgaba sino cuando oía al Padre juzgar. Ningún acto ni obra ocurría sin la dirección del Padre. Sus palabras suenan a las de un traductor.

Hubo unas pocas ocasiones en Brasil en las que serví como traductor a un predicador que hablaba en inglés. El hombre estaba frente al público con su mensaje. Yo estaba a su lado, equipado con el idioma. Mi trabajo era presentar a los oyentes su historia. Hacía lo mejor que podía para que sus palabras fluyeran a través de mí. No tenía libertad para embellecer o sustraer. Cuando el predicador hacía un ademán, yo también lo hacía. Cuando aumentaba el volumen, yo también lo aumentaba. Cuando se quedaba quieto, yo también.

Cuando Jesús anduvo en esta tierra, siempre estaba «traduciendo» a Dios. Cuando Dios hablaba más fuerte, Jesús hablaba más fuerte. Cuando Dios hacía algún ademán, lo mismo Jesús. Él estaba tan sincronizado con el Padre que pudo declarar: «Yo soy en el Padre, y el Padre en mí» (Juan 14.11). Era como si oyera una voz que otros no podían oír.

Presencié algo similar en un avión. Oía una vez tras otras estallidos de carcajadas. El vuelo era turbulento y agitado, lo que no era razón alguna para el humor. Pero alguien detrás de mí se desternillaba de risa. Nadie más, solo él. Finalmente me volví para ver qué era tan cómico. Tenía puestos unos audífonos, y evidentemente estaba oyendo alguna comedia. Pero debido a que nosotros no podíamos oír lo que él estaba oyendo, actuábamos de forma diferente.

Lo mismo era con Jesús. Debido a que Él podía oír lo que otros no podían, actuaba en forma diferente a la de ellos. ¿Recuerda cuando todo el mundo estaba preocupado por el hombre que había nacido ciego? Jesús no. De alguna manera Él sabía que la ceguera revelaría el poder de Dios (Juan 9.3). ¿Recuerda cuando todo el mundo estaba afligido por la enfermedad de Lázaro? Jesús no. En lugar de acudir apresuradamente al lado de la cama de su amigo, dijo: «Esta enfermedad no es para muerte, sino para la gloria de Dios, para que el Hijo de Dios sea glorificado por ella» (Juan 11.4). Fue como si Jesús pudiera oír lo que nadie más podía. ¿Qué relación puede ser más íntima que aquella? Jesús tenía una comunión ininterrumpida con su Padre.

¿Supone usted que el Padre desea lo mismo para nosotros? En forma absoluta. Pablo dice que hemos sido predestinados para ser «hechos conformes a la imagen de su Hijo» (Romanos 8.29). Permítame recordarle: Dios le ama tal como usted es, pero rehúsa dejarlo así. Él quiere que usted sea como Jesús. Dios desea tener con usted la misma permanente intimidad que tenía con su Hijo.

CUADROS DE INTIMIDAD

Dios traza varios cuadros para describir la relación que Él tiene en mente. Una es la vid y las ramas.

> Yo soy la vid, y ustedes son las ramas. El que permanece unido a mí, y yo unido a él, da mucho fruto; pues sin mí no pueden ustedes hacer nada ... Si ustedes permanecen unidos a mí, y si permanecen fieles a mis enseñanzas, pidan lo que quieran y se les dará (Juan 15.5-7, VP).

Dios quiere estar tan unido a nosotros como las ramas a una vid. La una es extensión de la otra. Es imposible decir donde empieza la una y termina la otra. La rama no está unida solo en el momento de llevar fruto. El hortelano no tiene las ramas guardadas en una caja y entonces, el día en que quiere uvas, las pega a la vid. No; la rama constantemente extrae nutrición de la vid. La separación significaría una muerte cierta.

Dios usa también el templo para describir la intimidad que Él desea. «¿No saben ustedes que su cuerpo es templo del Espíritu Santo que Dios les ha dado, y que el Espíritu Santo vive en ustedes?» escribió Pablo (1 Corintios 6.19, VP). Piense conmigo por un momento en el templo. ¿Fue Dios un visitante o un residente en el templo de Salomón? ¿Describiría usted su presencia como ocasional o permanente? Usted sabe la respuesta. Dios no venía y se iba, aparecía y desaparecía. Era una presencia permanente, siempre disponible.

¡Qué increíbles buenas noticias para nosotros! ¡NUNCA estamos lejos de Dios! Nunca se separa de nosotros, ¡ni siquiera por un momento! Dios no viene a nosotros los domingos en la mañana y luego se va los domingos por la tarde. Siempre permanece en nosotros, continuamente está presente en nuestras vidas.

La analogía bíblica del matrimonio es el tercer cuadro de esta estimulante verdad. ¿No somos la esposa de Cristo? (Apocalipsis 21.2). ¿No estamos unidos a Él? (Romanos 6.5). ¿No le hemos hecho votos y no los ha hecho Él con nosotros?

¿Qué implica nuestro matrimonio con Jesús respecto a sus deseos de tener comunión con nosotros? Por un lado, la comunicación nunca cesa. En un hogar feliz el esposo no le habla a la esposa solo cuando quiere algo de ella. No se asoma por su casa solo cuando quiere una buena comida, una camisa limpia o un poco de romance. Si lo hace, su casa no es un hogar; es un prostíbulo que sirve comida y lava la ropa.

Los matrimonios saludables tienen un sentido de «permanencia». El esposo permanece con la esposa, y ella con él. Hay ternura, franqueza y comunicación continua. Lo mismo es en nuestra relación con Dios. Algunas veces nos acercamos a Él con nuestras alegrías, otras veces con nuestras heridas, pero siempre vamos. Al ir, mientras más vayamos, más llegamos a ser como Él. Pablo dice que estamos siendo transformados «de gloria en gloria» (2 Corintios 3.18).

Las personas que viven largo tiempo juntas a la larga empiezan a parecerse, a hablar de manera similar, e incluso a pensar igual. Conforme andamos con Dios captamos sus pensamientos, sus principios, sus actitudes. Nos apropiamos de su corazón.

Así como en el matrimonio, la comunión con Dios no es una carga. A decir verdad, es un deleite. «¡Cuán amables son tus moradas, oh Jehová de los ejércitos! Anhela mi alma y aun ardientemente desea los atrios de Jehová; mi corazón y mi carne cantan al Dios vivo» (Salmo 84.1-2). El nivel de comunicación es tan dulce que nada se le compara. Laubach escribió:

> Es mi responsabilidad mirar a la misma cara de Dios hasta que me duelan las bendiciones ... Ahora me gusta tanto la presencia del Señor que cuando por media hora o algo así se sale de mi mente, y lo hace muchas veces al día, me siento como si yo lo hubiera abandonado, y como si hubiera perdido algo muy precioso en mi vida (3 de marzo de 1931; 14 de mayo de 1930).[4]

¿Podemos considerar una última analogía de la Biblia? ¿Qué tal la de las ovejas y el pastor? Muchas veces las Escrituras nos llaman el rebaño de Dios. «Pueblo suyo somos, y ovejas de su prado» (Salmo 100.3). No necesitamos saber mucho de ovejas para saber que el pastor nunca abandona a su rebaño. Si vemos a un rebaño viniendo por un sendero, sabemos que hay un pastor cerca. Si vemos a un cristiano por delante, sabemos lo mismo. El Buen Pastor nunca deja a sus ovejas. «Aunque ande en valle de sombra de muerte, No temeré mal alguno, porque tú estarás conmigo» (Salmo 23.4).

4. *Ibid*

Dios está cerca de usted como la vid a la rama, tan presente en usted como Dios lo estaba en su templo, tan íntimamente como el esposo con la esposa, y tan devoto a usted como el pastor para con sus ovejas.

Dios desea estar tan cerca de usted como lo estaba de Cristo;
tan cerca que literalmente pueda hablar por medio suyo
y todo lo que usted tiene que hacer es traducir;

tan cerca que sintonizarlo es como ponerse audífonos;
tan cerca que cuando otros perciben la tormenta y se atemorizan,
usted oye su voz y sonríe.

Así es como el rey David describió la más íntima de las relaciones:

> Oh Jehová, tú me has examinado y conocido.
> Tú has conocido mi sentarme y mi levantarme;
> Has entendido desde lejos mis pensamientos.
> Has escudriñado mi andar y mi reposo,
> Y todos mis caminos te son conocidos.
> Pues aún no está la palabra en mi lengua,
> Y he aquí, oh Jehová, tú la sabes toda.
> Detrás y delante me rodeaste,
> Y sobre mí pusiste tu mano.
> Tal conocimiento es demasiado maravilloso para mí;
> Alto es, no lo puedo comprender (Salmo 139.1-6).

David no fue el único escritor bíblico que testificó de la posibilidad de una noción constante de la presencia de Dios. Considere el repicar de estas declaraciones de la pluma de Pablo que nos instan a nunca dejar el lado de nuestro Dios.

> Orad sin cesar (1 Tesalonicenses 5.17).
>
> Constantes en la oración (Romanos 12.12).
>
> Orando en todo tiempo con toda oración y súplica en el Espíritu (Efesios 6.18).
>
> Perseverad en la oración (Colosenses 4.2).
>
> Sean conocidas vuestras peticiones delante de Dios en toda oración y ruego (Filipenses 4.6).

¿Le parece apabulladora y complicada la comunión incesante? ¿Está usted pensando: *La vida ya es difícil lo suficiente. ¿Para qué añadir todo esto?* Si es así, recuerde que Dios es el que quita las cargas, no el que las impone. Dios quiere que la oración incesante aligere nuestra carga, no que la aumente.

Mientras más estudiamos la Biblia, más nos damos cuenta de que la comunión ininterrumpida con Dios es el propósito y no la excepción. Al alcance de *todo* creyente está la interminable presencia de Dios.

LA PRÁCTICA DE LA PRESENCIA

¿Cómo, entonces, vivo en la presencia de Dios? ¿Cómo percibo su mano invisible sobre mi hombro y su voz inaudible en mi oído? Así como la oveja se familiariza con la voz del pastor. ¿Cómo podemos usted y yo familiarizarnos con la voz de Dios? Las siguientes son una cuantas ideas:

Entréguele a Dios sus pensamientos al levantarse. Antes de enfrentarse al día, busque el rostro del Padre. Antes de saltar de la cama, póngase en su presencia. Tengo un amigo que ha hecho el hábito de ponerse de rodillas al bajarse de su cama, y empezar su día en oración.

Personalmente, no hago eso. Con mi cabeza todavía sobre la almohada y mis ojos todavía cerrados, le ofrezco a Dios los primeros segundos de mi día. La oración no es ni larga ni formal. Dependiendo en cuanto sueño he logrado tener, tal vez ni siquiera sea inteligible. A menudo no es más que «Gracias por el descanso de la noche. Hoy te pertenezco a ti».

C. S. Lewis escribió: «El momento en que se levanta cada mañana ... [todos] sus deseos y esperanzas para ese día se le acercan en tropel como animales salvajes. La primera tarea de cada mañana consiste en hacerlos retroceder; en escuchar esa otra voz, tomar ese otro punto de vista, permitir que esa otra vida, más grande, más fuerte, más tranquila, entre y fluya».[5]

Así es como el salmista empezaba su día: «De mañana escuchas mi voz; muy temprano te expongo mi caso, y quedo esperando tu respuesta» (Salmo 5.3, VP). Esto nos lleva a la segunda idea:

Entréguele a Dios sus pensamientos mientras espera. Pase tiempo con Él en silencio. La pareja casada madura ha aprendido el tesoro del silencio compartido; no necesitan llenar el aire con charla constante. Simplemente estar juntos es suficiente. Trate de estar en silencio con Dios. «Estad quietos, y conoced que yo soy Dios» (Salmo 46.10). Darse cuenta de la presencia de Dios es fruto de la quietud ante Dios.

Dan Rather le preguntó a la madre Teresa:

—¿Qué le dice usted a Dios cuando ora?

La madre Teresa contestó, más bien quedamente.

—Escucho.

Sorprendido, Rather volvió a la carga.

—Pues bien, ¿y qué le dice Dios?

La madre Teresa sonrió.

—Él escucha.[6]

5. Según lo cita Timothy Jones, *The Art of Prayer* [El arte de la oración], Ballantine Books, Nueva York, 1997, p. 133.
6. *Ibid*, p. 140

Entréguele a Dios sus pensamientos en susurro. A través de los siglos los cristianos han aprendido el valor de las oraciones en frases breves, oraciones que se pueden decir en voz baja en dondequiera, en cualquier lugar. Laubach buscaba la comunión ininterrumpida con Dios haciéndole preguntas. Cada dos o tres minutos oraba: «¿Estoy en tu voluntad, Señor? ¿Estoy agradándote, Señor?»

En el siglo diecinueve un monje ruso anónimo decidió vivir en comunión ininterrumpida con Dios. En un libro titulado *El Sendero del Peregrino* cuenta cómo aprendió a tener una oración constantemente en su mente: «Señor Jesucristo, Hijo de Dios: ten misericordia de mí, pecador». Con el tiempo, la oración llegó a internalizarse tanto que constantemente la elevaba, aun cuando estuviera conscientemente ocupado en alguna otra cosa.

Imagínese lo que sería considerar todo momento como un tiempo potencial de comunión con Dios. Para cuando su vida termine usted habrá pasado seis meses esperando en los semáforos, ocho meses abriendo correspondencia chatarra, un año y medio buscando cosas perdidas (duplique esa cantidad en mi caso), y cinco impresionantes años esperando en alguna fila.[7] ¿Por qué no entregarle a Dios esos momentos? Al entregarle a Dios sus pensamientos en susurro, lo común se vuelve nada común. Frases sencillas tales como: «Gracias, Padre», «sé soberano en esta hora, Señor», «tú eres mi refugio, Jesús», pueden convertir una hora de viaje en un peregrinaje. No tiene que salir de su oficina ni arrodillarse en la cocina. Sencillamente ore donde esté. Deje que la cocina se convierta en una catedral o el aula en una capilla. Entréguele a Dios sus pensamientos en voz baja.

Finalmente, *entréguele a Dios sus pensamientos al ocaso*. Al final del día, permita que su mente se fije en Él. Concluya su día así como lo empezó: hablando con Dios. Agradézcale por las partes buenas. Pregúntele respecto a las partes duras. Busque su misericordia.

7. Charles R. Swindoll, *The Finishing Touch* [El broche de oro], Word Publishing, Dallas, 1994, p. 292.

Busque su fuerza. Al cerrar sus ojos, busque seguridad en su promesa: «He aquí, no se adormecerá ni dormirá el que guarda a Israel» (Salmo 121.4). Si se queda dormido mientras ora, no se preocupe. Qué mejor lugar para dormir que en los brazos de su Padre.

Por tanto, nosotros todos, mirando
a cara descubierta como en un espejo
la gloria del Señor, somos
transformados de gloria en gloria en
la misma imagen, como por el
Espíritu del Señor.

2 CORINTIOS 3.18

Resplandeció su rostro como el sol.

MATEO 17.2

CAPÍTULO SEIS

UNA CARA TRANSFORMADA Y UN PAR DE ALAS

Un corazón con hambre de adorar

La gente en un avión y la gente en las bancas de la iglesia tienen mucho en común. Están de viaje. La mayoría se portan bien y están bien vestidos. Algunos dormitan, y otros miran por las ventanas. La mayoría, si no todos, están satisfechos con una experiencia predecible. Para muchos, la característica de un buen vuelo y la característica de un buen culto de adoración son las mismas. «Bueno», nos gusta decir. «Fue un buen vuelo/culto de adoración». Salimos de la misma manera como entramos, y estamos contentos de regresar la próxima vez.

Unos pocos, sin embargo, no están contentos con que sea bueno. Anhelan algo más. El niño que acaba de pasarme, por ejemplo. Le oí antes de alcanzar a verlo. Ya estaba sobre mi asiento cuando preguntó: «¿De veras me dejarán conocer al piloto?» O bien tenía gran suerte o fue muy listo porque hizo la petición justo cuando entraba al avión. La pregunta llegó hasta la cabina, haciendo que el piloto se inclinara para ver.

—¿Alguien me busca? —preguntó.

El niño levantó al instante la mano como respondiendo a la pregunta de la maestra de segundo grado.

—¡Yo!

—Pues bien, ven.

Con el asentimiento de su mamá, el muchachito entró al mundo de controles y medidores de la cabina, y pocos minutos más tarde salió con los ojos enormemente abiertos.

—¡Grandioso! —exclamó—. ¡Me alegro de estar en este avión!

La cara de ningún otro pasajero mostraba ese asombro. Debería saberlo. Puse atención. El interés del niño despertó el mío, así que estudié las expresiones de los demás pasajeros, y no encontré nada de ese entusiasmo. Vi en su mayoría contentamiento: viajeros contentos de estar en el avión, contentos de estar cerca a su destino, contentos de estar fuera del aeropuerto, contentos de quedarse sentados y hablar poco.

Había unas pocas excepciones. Más o menos cinco mujeres de edad mediana, que llevaban sombreros de paja y tenían bolsas de playa no estaban contentas; estaban exuberantes. Se reían mientras avanzaban por el pasillo. Apuesto a que eran madres que habían conseguido la libertad de la cocina y de los hijos por unos pocos días. El hombre de traje azul sentado al otro lado del pasillo no estaba contento; estaba malhumorado. Abrió su computador y le gruñó a la pantalla durante todo el viaje. La mayoría de nosotros, no obstante, estábamos más contentos que aquel hombre y más moderados que las señoras. La mayoría estábamos contentos. Contentos con un vuelo predecible, sin contratiempos. Contentos de tener un «buen» vuelo.

Puesto que eso es lo que buscábamos, eso fue lo que conseguimos.

El niño, por otro lado, quería más. Quería ver al piloto. Si se le pide que describa el vuelo, no diría «bueno». Lo más probable es que mostraría las alas que le dio el piloto, y diría: «Vi al hombre en su propio asiento».

¿Ve usted por qué digo que la gente en el avión y la gente en las bancas de la iglesia tienen mucho en común? Entre en la nave de cualquier iglesia y mire las caras. Unos pocos están conteniendo risitas, un par están malhumorados, pero la gran mayoría estamos contentos. Contentos de estar allí. Contentos de estar sentados, mirar fijamente al frente y salir cuando el culto se acaba. Contentos de disfrutar una asamblea sin sorpresas ni turbulencia. Contentos con un «buen» culto. «Buscad y hallaréis», prometió Jesús.[1] Y puesto que un buen culto es todo lo que buscamos, un buen culto es por lo general lo que hallamos.

Unos pocos, sin embargo, buscan más. Unos pocos vienen con el entusiasmo del niño. Esos pocos se van como el niño se fue, con los ojos bien abiertos con el asombro de haber estado en la presencia del mismo piloto.

VENGA Y PIDA

Lo mismo le ocurrió a Jesús. El día en que Jesús fue a adorar su rostro fue cambiado.

«¿Me está usted diciendo que Jesús fue a un culto de adoración?»

Así es. La Biblia habla de un día cuando Jesús se dio tiempo para estar con sus amigos en la presencia de Dios. Leamos del día en que Jesús fue para adorar:

> Seis días después, Jesús tomó a Pedro, a Jacobo y a Juan su hermano, y los llevó aparte a un monte alto; y se transfiguró delante de ellos, y resplandeció su rostro como el sol, y sus vestidos se hicieron blancos como la luz.
>
> Y he aquí les aparecieron Moisés y Elías, hablando con Él.

1. Véase Mateo 7.7.

> Entonces Pedro dijo a Jesús: Señor, bueno es para nosotros que estemos aquí; si quieres, hagamos aquí tres enramadas: una para ti, otra para Moisés, y otra para Elías.
>
> Mientras él aún hablaba, una nube de luz los cubrió; y he aquí una voz desde la nube, que decía: Este es mi Hijo amado, en quien tengo complacencia; a Él oíd (Mateo 17.1-5).

Las palabras de Mateo presuponen una decisión de parte de Jesús de ir a estar en la presencia de Dios. El simple hecho de que escogió sus compañeros y subió a un monte sugiere que esta acción no fue impulso del momento. No fue que una mañana se despertó, miró el calendario y después su reloj, y dijo: «¡Huy! Hoy es el día en que debemos subir al monte». No; tenía que hacer preparativos. Suspendió el ministerio a la gente para que pudiera ocurrir el ministerio a su corazón. Puesto que el lugar escogido para la adoración estaba a cierta distancia, tenía que seleccionar el camino apropiado y seguir la senda correcta. Cuando llegó al monte, su corazón estaba listo. Jesús se preparó para la adoración.

Permítame preguntarle: ¿Hace usted lo mismo? ¿Se prepara para la adoración? ¿Qué caminos toma para subir al monte? La pregunta tal vez le parezca extraña, pero sospecho que muchos de nosotros sencillamente nos despertamos y nos aparecemos. Tristemente actuamos casi a la ligera cuando se trata de encontrarnos con Dios.

¿Seríamos nosotros tan indolentes con, digamos, el presidente? ¿Supóngase que usted recibe una invitación para desayunar el domingo por la mañana en el Palacio Presidencial? ¿Cómo pasaría el sábado por la noche? ¿Se alistaría? ¿Pensaría en lo que va a decir? ¿Pensaría en lo que va a preguntar y lo que va a pedir? Por supuesto que sí. ¿Deberíamos prepararnos menos para un encuentro con el Dios santo?

Permítame instarle a venir a la adoración preparado para adorar. Ore antes de venir para que esté listo para orar cuando llegue. Duerma antes de venir para que pueda estar despierto cuando llegue. Lea la Palabra de Dios antes de venir para que su corazón esté blando al adorar. Venga con hambre. Venga dispuesto. Venga esperando que Dios le hable. Venga preguntando, incluso al entrar por la puerta: «¿Puedo ver al piloto hoy?»

REFLEJE SU GLORIA

Al hacerlo así descubrirá el propósito de la adoración: cambiar la cara del adorador. Eso es exactamente lo que le ocurrió a Cristo en el monte. La apariencia de Jesús se transformó: «Resplandeció su rostro como el sol» (Mateo 17.2).

La conexión entre la cara y la adoración es más que coincidencia. Nuestra cara es la parte más pública de nuestros cuerpos, y menos cubierta que otras áreas. Es también la parte más reconocible de nuestros cuerpos. No llenamos los álbumes escolares con fotografías de los pies de las personas, sino con retratos de sus caras. Dios desea tomar nuestras caras, estas partes expuestas y memorables de nuestros cuerpos, y usarlas para reflejar su bondad. Pablo escribe: «Por tanto, nosotros todos, mirando a cara descubierta como en un espejo la gloria del Señor, somos transformados de gloria en gloria en la misma imagen, como por el Espíritu del Señor» (2 Corintios 3.18).

Dios nos invita a ver su cara para poder cambiar la nuestra. Usa nuestras caras descubiertas para exhibir su gloria. La transformación no es fácil. El escultor que trabajó en el Monte Rushmore[2] enfrentó un desafío menor que el de Dios. Pero nuestro Señor está bien a la altura de la tarea. Le encanta cambiar la cara de sus hijos. Sus dedos hacen desaparecer las arrugas de la preocupación. Las sombras de vergüenza y duda se convierten en retratos de gracia y confianza. Dios

2. Monte de los Estados Unidos al SO de Rapid City (Dakota del Sur), en el que, sobre una pared de granito, se esculpieron los rostros de los presidentes Washington, Jefferson, Lincoln y T. Roosevelt. (Nota del editor.)

afloja las mandíbulas apretadas y suaviza las frentes fruncidas. Su toque puede quitar las bolsas de cansancio de debajo de los ojos y convertir las lágrimas de desesperación en lágrimas de paz.

¿Cómo? Por medio de la adoración.

Esperaríamos algo más complicado, más exigente. Tal vez una demanda de memorizar Levítico en cuarenta días. No. El plan de Dios es más sencillo. Él nos cambia la cara mediante la adoración.

¿Qué es exactamente la adoración? Me gusta la definición que da el rey David: «Engrandeced a Jehová conmigo, y exaltemos a una su nombre» (Salmo 34.3). La adoración es el acto de magnificar a Dios, de engrandecer nuestra visión de Él. Es entrar en la cabina para ver cómo se sienta y observar como trabaja. Por supuesto, su tamaño no cambia, pero sí nuestra percepción de Él. Conforme más nos acercamos, más grande parece. ¿No es eso lo que necesitamos? ¿Una noción *grande* de Dios? ¿No tenemos *grandes* problemas, *grandes* preocupaciones, *grandes* preguntas? Por supuesto. Por consiguiente, necesitamos una noción grande de Dios.

La adoración ofrece eso. ¿Cómo podemos cantar: «Santo, Santo, Santo», y que no se expanda nuestra visión? O, ¿qué tal los versos del himno «Alcancé salvación»?

> Feliz yo me siento al saber que Jesús,
> Libróme del yugo opresor,
> Quitó mi pecado, clavólo en la cruz.
> Gloria demos al buen Salvador.[3]

¿Podemos cantar esas palabras y que no se ilumine nuestra cara?

Una cara vibrante, brillante es característica del que ha estado en la presencia de Dios. Después de hablar con Dios Moisés tuvo que cubrirse la cara con un velo (Éxodo 34.33-35). Después de ver el cielo

3. Horatio G. Spafford, «Alcancé Salvación», traducción de Pedro Grado.

la cara de Esteban relucía como la de un ángel (Hechos 6.15; 7.55-56).

Permítame decirlo bien claro. Este cambio es obra de Dios, no nuestra. Nuestro objetivo no es hacer que nuestras caras brillen. Ni siquiera Jesús hizo eso. Al decir Mateo «se transfiguró» no está diciendo que Jesús lo hizo. El verbo en griego indica que la apariencia de Jesús fue cambiada. Moisés ni siquiera sabía que su cara brillaba (Éxodo 34.29). Nuestro objetivo no es hacer algún conjuro para producir alguna expresión falsa, congelada. Nuestra meta es sencillamente estar ante Dios con un corazón preparado y dispuesto y entonces dejar que Él haga su obra.

Y la hace. Limpia las lágrimas. Limpia el sudor. Suaviza nuestras frentes fruncidas. Toca nuestras mejillas. Cambia nuestras caras conforme adoramos.

Pero hay más. No solo que Dios cambia las caras de los que adoramos, sino que también cambia a los que nos ven adorar.

ADORACIÓN EVANGELIZADORA

¿Recuerda al niño que fue a ver al piloto? Su pasión me entusiasmó. Yo también quise ver al piloto. (Y no hubiera rehusado las alas de plástico.)

La misma dinámica ocurre cuando se viene a la adoración con un corazón de adoración. Pablo le dijo a la iglesia en Corinto que adoraran de una manera tan clara que si un inconverso entraba, «él mismo se examinará al oír lo que todos están diciendo ... y adorará de rodillas a Dios, y reconocerá que Dios está verdaderamente entre ustedes» (1 Corintios 14.24-25, VP).

David cita el poder evangelizador de la adoración sincera: «Puso luego en mi boca cántico nuevo, alabanza a nuestro Dios. Verán esto muchos, y temerán, y confiarán en Jehová» (Salmo 40.3).

Su adoración de corazón es una apelación misionera. Deje que los incrédulos oigan la pasión en su voz o vean la sinceridad en su cara, y ellos serán cambiados. Pedro lo fue. Cuando Pedro vio la adoración de Jesús, dijo: «Señor, bueno es para nosotros que estemos aquí; si quieres, hagamos aquí tres enramadas: una para ti, otra para Moisés, y otra para Elías» (Mateo 17.4).

Marcos dice que Pedro habló por miedo (véase Marcos 9.6). Lucas dice que Pedro habló sin saber lo que decía (véase Lucas 9.33). Cualquiera que haya sido la razón, Pedro por lo menos habló. Quería hacer algo por Dios. No comprendía que Dios quiere corazones y no enramadas, pero por lo menos fue movido a dar algo.

¿Por qué? Porque vio la cara transfigurada de Cristo. Lo mismo ocurre en las iglesias hoy. Cuando la gente nos ve alabando de corazón a Dios, cuando oyen nuestra adoración, quedan intrigados. ¡Quieren ver al piloto! Chispas de nuestro fuego encienden los corazones secos.

Experimenté algo similar en Brasil. Nuestra casa estaba a poca distancia del estadio de fútbol más grande del mundo. Una vez por semana el estadio Maracaná se llenaba hasta la bandera con vocingleros fanáticos del fútbol. Inicialmente yo no me contaba entre ellos, pero su entusiasmo era contagioso. Quería ver por qué se entusiasmaban tanto. Cuando dejé Río, era un futbolista convertido y podía gritar junto con el resto de ellos.

Los que buscan tal vez no comprendan todo lo que ocurre en una casa de adoración. Tal vez no comprendan el significado de un canto o lo que significa la Cena del Señor, pero pueden conocer el gozo cuando lo ven. Cuando vean su cara cambiada, querrán ver la cara de Dios.

Por cierto, ¿no será lo opuesto igualmente cierto? ¿Qué ocurre cuando uno que busca ve aburrimiento en su cara? ¿Cuando ve a otros adorando y a usted bostezando? ¿Otros están en la presencia de Dios, y usted en su propio mundo pequeño? ¿Otros están buscando la cara de Dios cuando usted está buscando la cara de su reloj?

Ya que estoy hablando en forma personal, ¿puedo acercarme un paso más? Padres, ¿qué es lo que sus hijos están aprendiendo de su adoración? ¿Ven el mismo entusiasmo como cuando van a ver un partido de baloncesto? ¿Le ven prepararse para la adoración como cuando se prepara para salir de vacaciones? ¿Ven en usted hambre al llegar, buscando la cara del Padre? ¿O lo ven contento de salir de la manera como llegó?

Están observándolo. Créame. Están observándolo.

¿Viene usted a la iglesia con un corazón con hambre de adorar? Nuestro Salvador lo hizo.

¿Puedo instarlo a que sea como Jesús? Prepare su corazón para la adoración. Deje que Dios cambie su cara mediante la adoración. Demuestre el poder de la adoración. Sobre todo, busque la cara del piloto. El niño lo hizo. Debido a que buscó al piloto, salió con su cara cambiada y un par de alas. Lo mismo puede pasarle a usted.

Pido al Dios de nuestro Señor Jesucristo, al glorioso Padre, que les dé sabiduría espiritual para entender su revelación y conocerlo mejor. Pido que Dios les ilumine la mente, para que sepan cuál es la esperanza a la que han sido llamados.

EFESIOS 1.17-18, VP.

CAPÍTULO SIETE

JUEGOS DE GOLF Y TALLOS DE APIO

Un corazón bien enfocado

El juego de golf estaba empatado y faltaban cuatro hoyos por jugar. Estando en el punto de partida eché un vistazo para ver el siguiente.

—Se ve muy lejos —comenté. Nadie contestó.

—Por cierto que se trata de una pista muy angosta —dije mientras preparaba la pelota. Ninguna respuesta.

—¿Cómo se supone que uno debe elevar la pelota por sobre esos árboles? —Igualmente, ni una respuesta.

El silencio no me molestaba. Años de implacable competencia entre colegas ministros en las canchas municipales me han enseñado a precaverme de sus trucos. Sabía exactamente lo que estaban haciendo. Intimidados por mi impresionante serie de golpes dobles, resolvieron darme el tratamiento del hielo (después de todo, estábamos apostando una bebida gaseosa). Así que me preparé y golpeé la pelota. No hay otra manera de describir lo que ocurrió: *fue un golpe maestro*. Un gran arco que elevó la pelota por sobre la copa de los árboles a mi izquierda. Pude oír los rezongos de los demás. Di por sentado que sentían celos. Después de observar sus golpes, sabía que lo estaban.

Ninguno de ellos se acercó siquiera a los árboles. En lugar de lanzar la pelota hacia la izquierda, todos lo hicieron a la derecha y acabaron a kilómetros del agujero. Allí es cuando debí haber sospechado algo, pero ni me lo imaginé.

Se dirigieron por su lado de la pista, y yo por el mío. Pero en lugar de encontrar mi pelota descansando sobre la hierba, la encontré oculta entre las hierbas y piedras, y rodeada de árboles. «Este *es* un hoyo difícil», me dije. Sin embargo, estaba a la altura. Estudié el tiro y seleccioné la estrategia; tomé un palo y, perdóneme por decirlo de nuevo, *fue un gran golpe*. Usted habría pensado que mi pelota estaba controlada por radar, dirigiéndose hacia el área verde como un conejo corriendo a la cena. Solo la inclinación de la ladera le impidió rodar sobre la superficie lisa.

En los torneos televisados había aprendido cómo actuar en esos momentos. Me detuve inmóvil por unos segundos, para que los fotógrafos me retrataran, y entonces hice girar mi palo. Con una mano saludé a la multitud, y con la otra le di el palo a mi ayudante. Por supuesto, en mi caso no había ni fotógrafos ni ayudante, ni tampoco muchedumbre. Ni siquiera mis compañeros me estaban mirando. Ellos se encontraban al otro lado de la pista, mirando en otra dirección. Medio molesto porque no habían notado mi pericia, me eché a los hombros los palos y empecé a dirigirme hacia el hoyo.

De nuevo, debía habérseme ocurrido que algo andaba mal. La serie de eventos curiosos debía haber captado mi atención. Nadie comentó acerca de la dificultad del hoyo. Nadie me felicitó por mis golpes. Todo el mundo lanzaba la pelota hacia la derecha, mientras yo lo hacía a la izquierda. Un golpe perfecto para caer entre la maleza. Mi espléndido golpe de acercamiento, sin que nadie lo notara. Debió habérseme ocurrido, pero no fue así. Solo cuando me acercaba al área verde del hoyo noté algo raro. ¡Algunos jugadores ya estaban golpeando la pelota hacia el hoyo! Jugadores que yo no conocía. Jugadores que nunca había visto antes. Jugadores que, a mi juicio, jugaban terriblemente lento o estaban perdidos. Miré a mi alrededor buscando a mi grupo, tan solo para encontrarlos en el área; en un hoyo *diferente*.

Entonces me di cuenta. ¡Yo había jugado hacia el hoyo equivocado! Había escogido el blanco equivocado. Pensé que estábamos jugando hacia la izquierda, cuando debíamos estar jugando hacia la derecha. De súbito todo tuvo sentido. Mis compañeros lanzaron la pelota hacia la derecha porque hacia allá debíamos dirigirnos. Los rezongos que oí después de mi lanzamiento fue de compasión, no de admiración. Con razón el hoyo parecía tan difícil; yo estaba jugando en la dirección equivocada. ¡Qué desaliento! El golf ya es de por sí difícil. Es mucho más difícil cuando se juega en la dirección equivocada.

CON EL CORAZÓN EN EL BLANCO

Lo mismo se puede decir de la vida. La vida ya es dura de por sí. Es incluso más dura cuando nos dirigimos en la dirección equivocada.

Una de las increíbles capacidades de Jesús fue mantenerse dirigiéndose al blanco. Su vida nunca se salió del carril. Ni una sola vez lo encontramos caminando por el lado equivocado de la pista. No tenía dinero, ni computadoras, ni aviones a reacción, ni ayudantes administrativos; sin embargo Jesús hizo lo que muchos de nosotros no hacemos. Mantuvo su vida en su curso.

Al mirar Jesús por el horizonte hacia el futuro, podía ver muchos blancos. Muchas banderolas ondeaban al viento, y podía dirigirse a cada una de ellas. Podía haber sido un revolucionario político. Podía haber sido un líder nacional. Podía haberse contentado con ser un maestro y educar las mentes, o ser un médico y sanar cuerpos. Pero al final escogió ser el Salvador y salvar almas.

Cualquiera que estuvo cerca de Cristo por un poco de tiempo oyó del propio Jesús: «El Hijo del Hombre vino a buscar y a salvar lo que se había perdido» (Lucas 19.10). «El Hijo del Hombre no vino para ser servido, sino para servir, y para dar su vida en rescate por muchos» (Marcos 10.45).

El corazón de Cristo estaba enfocado indefectiblemente en una tarea. El día en que dejó la carpintería de Nazaret tenía un último objetivo: la cruz del Calvario. Se concentró tanto que sus palabras finales fueron: «Consumado es» (Juan 19.30).

¿Cómo pudo Jesús decir que había concluido? Todavía había gente con hambre a quienes alimentar, enfermos que sanar, gente que no sabía a la que había que enseñar y gente sin cariño a la cual amar. ¿Cómo podía decir que había concluido? Sencillo. Había completado la tarea designada. Su comisión estaba cumplida. El pintor podía poner a un lado su pincel, el escultor su cincel, el escritor su pluma. El trabajo estaba hecho.

¿No le encantaría poder decir lo mismo? ¿No le encantaría poder mirar retrospectivamente su vida y saber que ha hecho lo que fue llamado a hacer?

CORAZONES DISTRAÍDOS

Nuestras vidas tienden a esparcirse tanto. Nos intriga una moda hasta que asoma la siguiente. Nos dejamos embobar por la última novelería o cura rápida. Este proyecto, y después el otro. Vidas sin estrategia, sin metas, sin prioridad definida. Jugando hoyos fuera de orden. Erráticas. Vacilantes. Viviendo la vida con hipo. Fácilmente nos distraemos por cosas pequeñas y nos olvidamos de las grandes. Vi un ejemplo de esto el otro día, en una tienda de abarrotes.

Hay una sección en el supermercado en la cual soy experto veterano: la sección de muestras gratis. Nunca dejo pasar un bocadillo. El sábado pasado volví a la tienda donde suelen estar las que reparten muestras gratis. ¡Eureka! Había dos personas repartiendo muestras a los hambrientos que esperaban en fila. Una tenía una sartén de chorizos y la otra una bandeja llena de apio cubierto con queso crema. Usted se sentirá orgulloso al saber que opté por el apio. Quería el chorizo, pero sabía que el apio es mejor para mí.

Desafortunadamente la señora del apio nunca me vio. Estaba demasiado ocupada arreglando sus ramas de apio. Pasé frente a ella, y ella ni siquiera levantó la vista. La señora del chorizo, sin embargo, me vio acercarme y me extendió el plato. Decliné y volví a pasar frente a la señora del apio. La misma respuesta. Ni siquiera me miró. Estaba demasiado atareada arreglando su bandeja. Así que pasé de nuevo frente a la señora del salchichón. De nuevo extendió el plato ofreciéndome, y nuevamente, con admirable resolución, resistí. Estaba resuelto a hacer lo debido.

Lo mismo la señora del apio. Estaba resuelta a tener las ramas de apio bien arregladas en la bandeja. Pero se preocupaba más por la apariencia de su producto que por la distribución del mismo. Me detuve. Tosí. Me aclaré la garganta. Hice todo lo imaginable, excepto ponerme a cantar. Ninguna respuesta. La señora del chorizo, en cambio, estaba esperándome con los pedazos de salchichón humeante. Me rendí; me comí el chorizo.

La señora del apio cometió la misma equivocación que yo hice en la pista de golf. Se había equivocado de objetivo. Estaba demasiado ocupada con las cosas menores (es decir, la organización del apio) que se olvidó de su tarea asignada (esto es, ayudar a los compradores necesitados, con hambre, lastimeros, como yo).

¿Cómo evitar cometer el mismo error en la vida? Dios quiere que seamos como Jesús y que tengamos corazones enfocados. ¿Cómo selecciono la banderola correcta y me mantengo dirigiéndome al blanco? Consultar el mapa hubiese sido un buen comienzo. Me habría ahorrado muchos problemas ese día si hubiera tenido el tiempo suficiente como para mirar el mapa en la tarjeta de anotaciones. El arquitecto que la construyó había dibujado un mapa. Lo que es cierto en cuanto a la pista de golf también lo es en la vida. El que diseñó nuestro curso nos dejó direcciones. Al responder a cuatro preguntas sencillas podemos ser más como Jesús; podemos mantener nuestras vidas en curso.

¿ENCAJO EN EL PLAN DE DIOS?

Romanos 8.28 dice: «Sabemos que Dios dispone todas las cosas para el bien de quienes le aman, a los cuales Él ha llamado de acuerdo con su propósito» (VP). El primer paso para enfocar su corazón es preguntarse: «¿Encajo en el plan de Dios?»

El plan de Dios es salvar a sus hijos. «El Señor ... es paciente para con nosotros, no queriendo que ninguno perezca, sino que todos procedan al arrepentimiento» (2 Pedro 3.9).

Si el objetivo de Dios es la salvación del mundo, entonces mi meta debe ser la misma. Los detalles diferirán de persona a persona, pero el cuadro en grande será idéntico para todos nosotros. Pablo dice que somos los representantes de Cristo. Dios nos usa para persuadir a hombres y mujeres (véase 2 Corintios 5.20). Sin que importe lo que usted desconozca del futuro, una cosa es cierta: se supone que usted debe contribuir al buen plan de Dios, hablar a otros del Dios que ama y anhela llevarnos a su hogar.

Pero, ¿cómo exactamente debe contribuir usted? ¿Cuál es su tarea específica? Busquemos la respuesta con una segunda pregunta.

¿CUÁLES SON MIS ANHELOS?

Esta pregunta tal vez le sorprenda. Tal vez pensó que sus anhelos no tienen nada que ver con mantener su vida en el carril. No podría discrepar más. Su corazón es esencial. El Salmo 37.4 dice: «Disfruta sirviendo al Señor, y Él te dará lo que quieres». Cuando nos sometemos a los planes de Dios, podemos confiar en nuestros deseos. Nuestra tarea asignada se halla en la intersección del plan de Dios y nuestros placeres. *¿Qué es lo que le encanta hacer? ¿Qué le produce alegría? ¿Qué le da un sentido de satisfacción?*

Algunos anhelan dar de comer a los pobres. Otros disfrutan al dirigir a la iglesia. A otros les encanta cantar o enseñar, o dar la mano al enfermo o asesorar al confundido. Cada uno de nosotros ha sido hecho para servir a Dios de una manera única.

«Es Dios quien nos ha hecho; Él nos ha creado en Cristo Jesús para que hagamos buenas obras, según Él lo había dispuesto de antemano» (Efesios 2.10, VP).

«Tú fuiste quien formó todo mi cuerpo; tú me formaste en el vientre de mi madre ... es maravilloso lo que has hecho ... No te fue oculto el desarrollo de mi cuerpo mientras era formado en lo secreto ... Tus ojos vieron mi cuerpo en formación; todo eso estaba escrito en tu libro. Habías señalado los días de mi vida cuando aún no existía ninguno de ellos» (Salmo 139.13-16, VP).

Usted es hecho a la medida; hecho a propósito. Dios prescribió su nacimiento. Independientemente de las circunstancias que rodearon su llegada, usted no es un accidente. Dios lo planeó desde antes de que naciera.

Los anhelos de su corazón no son accidentales; son mensajes vitales. Los deseos de su corazón no son para ignorarse; se los debe consultar. Así como el viento mueve la veleta, Dios usa sus pasiones para mover su vida. Dios tiene demasiada gracia como para pedirle que haga algo que detesta.

Tenga cuidado, no obstante. No considere sus deseos sin considerar sus capacidades. Pase rápidamente a la tercera pregunta.

¿CUÁLES SON MIS CAPACIDADES?

Hay algunas cosas que queremos pero que sencillamente no estamos equipados para lograr. Yo, por ejemplo, tengo el deseo de cantar. Cantar para otros me daría maravillosa satisfacción. El problema es que no le daría la misma satisfacción a mis oyentes. Soy lo que usted pudiera llamar un cantor de cárcel: nunca encuentro la clave y siempre estoy detrás de las barras.

Pablo da un buen consejo en Romanos 12.3, al decir que estimemos con sensatez nuestras capacidades.

En otras palabras, dese cuenta de sus puntos fuertes. Cuando usted enseña, ¿escucha la gente? Cuando usted dirige, ¿la gente lo sigue? Cuando usted administra, ¿mejoran las cosas? ¿En qué es más productivo? Identifique sus puntos fuertes, y entonces —y esto es importante— especialícese en ellos. Saque del fuego unos cuantos hierros para que los restantes puedan calentarse en serio. No enfocar nuestros puntos fuertes puede impedirnos lograr las tareas singulares que Dios nos ha llamado a hacer.

El cuidador de un faro que trabajaba en una costa rocosa recibía aceite una vez al mes para mantener su llama ardiendo. Como vivía cerca de la población, no le faltaban visitantes. Una noche una mujer necesitaba aceite para mantener a su familia caliente. Otra noche un padre necesitaba aceite para su lámpara. Otro necesitó aceite para lubricar una rueda. Todas las peticiones parecían legítimas, y el cuidador trataba de suplirlas. Hacia el fin del mes se le acabó el aceite, y el faro se apagó, lo que causó que muchas naves se estrellaran en esa costa. El hombre recibió la reprensión de sus superiores: «Se te da aceite por una sola razón», le dijeron. «Queremos mantener el faro ardiendo».

No podemos suplir toda necesidad del mundo. No podemos complacer a todo el mundo. No podemos atender todas las peticiones del mundo. Pero algunos lo intentamos. Al final, se nos acaba el aceite. Así que estime con sensatez sus capacidades y apéguese a ellas.

Una pregunta final es necesaria.

¿SIRVO A DIOS AHORA?

Al leer esto usted tal vez empiece a sentirse intranquilo. *Tal vez deba cambiar de trabajo. Tal vez deba mudarme a otra ciudad. Me parece que Max está diciéndome que debo ir al seminario ...* No; no necesariamente.

De nuevo, Jesús es el ejemplo ideal. ¿Cuándo encontramos el primer indicio de que Él sabe que es el Hijo de Dios? En el templo en Jerusalén. Tenía doce años. Sus padres habían caminado tres días de regreso a Nazaret antes de descubrir que el muchacho faltaba. Lo encuentran en el templo estudiando con los líderes. Cuando le piden explicación, les dice: «¿No sabíais que en los negocios de mi Padre me es necesario estar?» (Lucas 2.49).

Aun siendo muchacho Jesús ya percibe el llamado de Dios. Pero, ¿qué hacer luego? ¿Reclutar discípulos y hacer milagros? No; regresa a su casa con sus padres y aprende el oficio de la familia.

Eso es exactamente lo que usted debe hacer. ¿Quiere poner enfoque en su vida? Haga lo que Jesús hizo. Váyase a casa, ame a su familia y atienda sus asuntos. *Pero Max: Yo quiero ser misionero*. Su primer campo misionero está bajo su techo. ¿Qué le hace pensar que le creerán en el extranjero si no le creen al otro lado del corredor?

Pero Max: Estoy listo para hacer grandes cosas para Dios. Excelente; hágalas en su trabajo. Sea un buen empleado. Llegue a tiempo y con buena actitud. No se queje ni rezongue, sino «todo lo que hagan, háganlo de buena gana, como si estuvieran sirviendo al Señor y no a los hombres» (Colosenses 3.23, VP).

EL PLAN

Un plan bastante sencillo, ¿no le parece? Es fácil recordarlo. Tal vez le ayude ponerlo en verso:

> ¿Estoy encajando en el plan de Dios?
> ¿Cuáles son mis anhelos?
> ¿Cuáles son mis capacidades?
> ¿Estoy sirviendo a Dios ahora?

¿Por qué no toma unos pocos momentos para evaluar su dirección? Hágase usted mismo las cuatro preguntas. Tal vez halle que está haciendo lo que yo hice: muy buenos golpes pero en la dirección errada. En mi caso me costó tres refrescos. Perdí tantos golpes que nunca pude recuperarlos.

Pero no es necesario decir lo mismo en cuanto a usted. Dios le permite un nuevo comienzo en cualquier punto de la vida. Pedro nos dice que ya no debemos «vivir el tiempo que resta en la carne, conforme a las concupiscencias de los hombres, sino conforme a la voluntad de Dios» (1 Pedro 4.2).

Subraye las palabras *el tiempo que resta*. Es como decir, *de ahora en adelante*. Dios le da una tarjeta de anotación nueva. Sin que importe qué le haya controlado en el pasado, nunca es demasiado tarde para poner su vida en el curso correcto y ser parte del plan de Dios.

Por lo cual, desechando la mentira,
hablad verdad cada uno
con su prójimo.

EFESIOS 4.25

CAPÍTULO OCHO

NADA MÁS QUE LA VERDAD

Un corazón sincero

La mujer se pone de pie frente al juez y al jurado, coloca una mano sobre la Biblia y levanta la otra, y presta juramento. Por los próximos minutos, con la ayuda de Dios, «dirá la verdad, toda la verdad, y nada más que la verdad».

Es una testigo. Su trabajo no es ampliar ni diluir la verdad. Su tarea es decir la verdad. Déjele a los legisladores el interpretarla. Déjele al jurado el resolver el caso. Déjele al juez aplicarla. Pero, ¿la testigo? La testigo habla la verdad. Si se le permite hacer más que eso o menos, contamina el resultado. Pero déjesele hacer eso, decir la verdad, y la justicia tiene una oportunidad.

El cristiano es también un testigo. Nosotros también prestamos juramento. Como el testigo en la corte, somos llamados a decir la verdad. El jurado puede estar ausente y el juez ser invisible, pero la Biblia está presente, el mundo que nos mira es el jurado, y nosotros somos los testigos primordiales. Nos ha citado el mismo Señor Jesús: «Me seréis *testigos* en Jerusalén, en toda Judea, en Samaria, y hasta lo último de la tierra» (Hechos 1.8, cursivas añadidas).

Somos testigos. Como los testigos en el tribunal, somos llamados a testificar, a decir lo que hemos visto y oído. Debemos decir la verdad. Nuestra tarea no es diluir ni inflar la verdad. Nuestra tarea es decir la verdad. Punto.

Hay, sin embargo, una diferencia entre el testigo en el tribunal y el testigo por Cristo. El testigo en el tribunal a la larga deja la silla del testigo, pero el testigo de Cristo nunca deja de serlo. Puesto que las afirmaciones de Cristo siempre están siendo sometidas a prueba, el tribunal está perpetuamente en sesión, y nosotros seguimos bajo juramento. Para el cristiano el engaño nunca es una opción. No fue una opción para Jesús.

LO QUE DIOS NO PUEDE HACER

Una de las declaraciones más asombrosas en cuanto a Cristo es el resumen: «nunca hizo maldad, ni hubo engaño en su boca» (Isaías 53.9). Jesús fue obstinadamente veraz. Cada palabra suya fue precisa y certera, cada frase suya fue cierta. No hacía trampas en los exámenes. No alteraba los libros. Ni una sola vez estiró la verdad. Jamás ensombreció la verdad. Nunca evadió la verdad. Sencillamente dijo la verdad. No se halló engaño en su boca.

Y si Dios lo hiciera a su manera en nosotros, ningún engaño se hallaría en la nuestra. Dios anhela que seamos como Jesús. Su plan, si usted lo recuerda, es moldearnos según las líneas de su Hijo (Romanos 8.28). Lo que trata no es de disminuir o minimizar nuestro engaño, sino eliminarlo. Dios es tajante en cuanto a la falta de veracidad: «No habitará dentro de mi casa el que hace fraude» (Salmo 101.7).

Nuestro Maestro tiene un estricto código de honor. De Génesis a Apocalipsis el tema es el mismo: Dios ama la verdad y aborrece el engaño. En 1 Corintios 6.9-10 Pablo hace una lista de las personas que no heredarán el Reino de Dios. La nidada que pinta es una espinosa variedad de los que pecan sexualmente, de los idólatras, de los adúlteros, de los que venden sus cuerpos, de los que se emborrachan, de los que roban y, aquí está: *de los que mienten*.

Tal rigor tal vez le sorprenda. *¿Quiere usted decir que mis mentirillas y lisonjas despiertan igual ira celestial que el adulterio y el asalto con alevosía?* Evidentemente que sí. Dios ve el hacer trampas en la declaración del impuesto a la renta de la misma manera como ve el postrarse ante ídolos.

> Los labios mentirosos son abominación a Jehová; Pero los que hacen verdad son su contentamiento (Proverbios 12.22).
>
> Seis cosas aborrece Jehová ... la lengua mentirosa (Proverbios 6.16-17).
>
> Destruirás a los que hablan mentira; al hombre sanguinario y engañador abominará Jehová (Salmo 5.6).

¿Por qué? ¿Por qué tanta severidad? ¿Por qué una posición tan rigurosa?

Por una razón: La falta de veracidad es absolutamente contraria al carácter de Dios. Según Hebreos 6.18 *es imposible que Dios mienta*. No es que Dios no mentirá o que ha escogido no mentir; *no puede mentir*. Que Dios mienta es lo mismo que un perro vuele o que un pájaro ladre. Sencillamente no puede suceder. El libro de Tito hace eco de las mismas palabras del libro de Hebreos: «Dios, que no miente» (Tito 1.2).

Dios siempre dice la verdad. Cuando hace un pacto, lo guarda. Cuando afirma algo, quiere decir eso. Cuando proclama la verdad, podemos creerla. Lo que dice es verdad. Incluso «si fuéremos infieles, Él permanece fiel; Él no puede negarse a sí mismo» (2 Timoteo 2.13).

Satanás, por otro lado, halla imposible decir la verdad. Según Jesús, el diablo es el «padre de mentira» (Juan 8.44). Si usted recuerda, el engaño fue la primera herramienta que el diablo sacó de su estuche. En el huerto del Edén Satanás no desalentó a Eva. No la sedujo. No se le acercó subrepticiamente. Sencillamente le mintió. «¿Dios ha dicho que morirán si comen del fruto? No morirán» (véase Génesis 3.1-4).

MENTIROSO DE SIETE SUELAS. Pero Eva se tragó el anzuelo, y arrancó el fruto, y apenas en unos pocos párrafos más adelante vemos a su esposo y a su hijo seguir los mismos pasos, y la veracidad en el Edén parece recuerdo distante.

Todavía lo parece. Daniel Webster tenía razón cuando observó: «Nada hay más poderoso que la verdad, y con frecuencia nada más extraño».

LA PAGA DEL ENGAÑO

De acuerdo a la revista *Psychology Today* [Sicología hoy], el diablo todavía está tejiendo sus redes, y nosotros todavía estamos arrancando frutas.

- Mucha más gente dice que han engañado a su cónyuge que en su declaración de impuestos o en cuentas de gastos.
- Más de la mitad dicen que si se revisaran sus declaraciones de impuestos, probablemente le deberían dinero al gobierno.
- Algo así como una de cada tres personas admiten haber engañado a su mejor amigo respecto a algo el año anterior; el noventa y seis por ciento se sienten culpables por haberlo hecho.
- Casi la mitad predicen que si le hicieran un raspón a otro automóvil en el lote de estacionamiento probablemente se alejarían sin decírselo a nadie; aun cuando la amplia mayoría

(el ochenta y nueve por ciento) concuerdan en que sería inmoral.[1]

Tal vez la pregunta no debería ser: «¿Por que Dios exige tal honradez?» sino más bien, «¿Por qué toleramos tal falta de honradez?» Nunca Jeremías fue más profeta que cuando anunció: «Engañoso es el corazón más que todas las cosas» (Jeremías 17.9). ¿Cómo explicamos nuestra falta de honradez? ¿Qué razones aducimos para el doblez en nuestra lengua y promesas resbalosas? No necesitamos hacer una encuesta para encontrar la respuesta.

Por un lado, no nos gusta la verdad. La mayoría de nosotros puede sentir compasión por el tipo que recibe una llamada de su esposa, justo cuando ella está a punto de embarcarse para regresar de Europa a su casa.

—¿Cómo está mi gato? —preguntó ella.

—Muerto.

—Ay, cariño; no seas tan franco. ¿Por qué no me das las noticias poco a poco? Me has arruinado el viaje.

—¿Qué quieres decir?

—Podías haberme dicho que el gato se había subido al techo. Después, cuando te llame de París podías decirme que el gato estaba actuando en forma rara. Después, al llamarte desde Londres me podías decir que el gato estaba mal, y al llamarte desde Nueva York podías decirme que lo habías llevado al veterinario. Al llegar a casa, entonces me podrías decir que se había muerto.

El esposo nunca había tenido ni idea de semejante protocolo, pero estaba dispuesto a aprender.

—Está bien —dijo—, lo haré mejor la próxima vez.

—A propósito —dijo ella —, ¿cómo está mamá?

---

1. James Hassett, «But That Would Be Wrong», Psychology Today [*«Pero esto estaría mal»*, Sicología hoy], noviembre de 1981, pp. 34-41.

Hubo un largo silencio, y entonces él hombre le dijo:

—Ah... este... se ha subido al techo.

El hecho escueto es que no nos gusta la verdad. Nuestro credo es: *Y conoceréis la verdad, y la verdad te hará retorcerte en tu asiento*. El hecho de que no nos guste la verdad empezó a los tres años cuando mamá entró a nuestro cuarto y preguntó: «¿Le pegaste a tu hermanito?» Allí mismo supimos que la honradez tiene consecuencias. Así que aprendimos a... bueno... *no realmente* a mentir... sino a tapar las cosas.

—¿Qué si le pegué a mi hermanito? Eso depende de cómo interpretes la palabra *pegarle*. Es decir, es cierto que hice contacto con él, pero ¿lo consideraría algún jurado como «pegarle»? Todo es relativo, ¿sabes?

—¿Qué si le pegué a mi hermanito? Sí, papá. Lo hice. Pero no fue mi culpa. Si yo hubiera nacido con cromosomas no agresivos, y si no me hubieras permitido ver televisión, nunca hubiera sucedido. Así que se puede decir que le pegué a mi hermano, pero no es mi culpa. Soy víctima de la crianza y la naturaleza.

La verdad, lo aprendemos pronto, no es divertida. No nos gusta la verdad.

No solo que no nos gusta la verdad, *sino que no confiamos en la verdad*. Si somos brutalmente francos (lo cual es aconsejable al hablar de la honradez) tenemos que admitir que la verdad parece inadecuada para hacer lo que necesita hacerse.

Queremos que nuestros jefes gusten de nosotros, así que les lisonjeamos. Lo llamamos adulación. Dios lo llama mentira.

Queremos que la gente nos admire, así que exageramos. Lo llamamos estirar la verdad. Dios lo llama mentira.

Queremos que la gente nos respete, así que vivimos en casas que no podemos pagar y compramos cosas a crédito que tampoco podemos pagar. Lo llamamos la manera moderna de vivir; Dios lo llama vivir una mentira.

SI NO DECIMOS LA VERDAD

Ananías y Safira representan cuánto los humanos no confiamos en la verdad. Vendieron una propiedad y dieron la mitad del dinero a la iglesia. Le mintieron a Pedro y a los apóstoles, aduciendo que habían vendido la tierra por la cantidad que dieron. Su pecado no estuvo en quedarse con una parte del dinero; fue la falsa representación de la verdad. Su engaño resultó en su muerte. Lucas escribe: «Y vino gran temor sobre toda la iglesia, y sobre todos los que oyeron estas cosas» (Hechos 5.11).

Más de una vez hemos oído a personas que cuentan su historia con una risa nerviosa y dicen: «Me alegro de que Dios no parta con un rayo a los mentirosos». No estoy seguro de que no lo haga. Me parece que la paga del engaño todavía es la muerte. Tal vez no la muerte del cuerpo, pero la muerte de:

- *el matrimonio*. Los engaños son comején en el tronco del árbol familiar.
- *la conciencia*. La tragedia de la segunda mentira es que es más fácil decirla que la primera.
- *una carrera*. Pregúntele al estudiante que fue expulsado por hacer trampas o al empleado que fue despedido por malversar fondos si la mentira no fue fatal.
- *la fe*. El lenguaje de la fe y el lenguaje de la falsedad tienen vocabularios diferentes. Los que hablan con fluidez el lenguaje de la falsedad encuentran difíciles de pronunciar términos tales como *confesión* y *arrepentimiento*.

Podríamos también hacer una lista de la muerte de la intimidad, la confianza, la paz, la credibilidad y el respeto propio. Pero tal vez la muerte más trágica que ocurre por el engaño es la de nuestro testimonio. El tribunal no prestará atención al testimonio de un perjuro. Tampoco el mundo. ¿Piensa usted que nuestros compañeros de trabajo van a creer nuestras palabras respecto a Cristo cuando ni siquiera pueden creernos lo que decimos respecto a cómo manejamos nuestra cuenta de gastos? Más significativo aún: ¿pensamos que Dios nos usará como testigos si no decimos la verdad?

Todo equipo de fútbol estudiantil tiene un jugador cuya responsabilidad es llevar a los demás jugadores la jugada que ha determinado el entrenador. ¿Qué pasaría si ese jugador no dice la verdad? ¿Qué pasaría si el entrenador pide que se lance un pase pero el jugador dice que se patee la pelota? Una cosa es cierta: el entrenador no volverá a usar a ese jugador por largo rato. Dios dice que si somos fieles en cosas pequeñas, nos confiará cosas más grandes (Mateo 25.21). ¿Puede Dios confiarle las cosas pequeñas?

ENFRENTAR LA MÚSICA

Hace muchos años un hombre se las arregló para que lo incluyeran en la orquesta del emperador de China, aun cuando no podía tocar ni una sola nota. Cuando el grupo practicaba o tocaba, se llevaba la flauta a los labios y fingía tocar, pero sin hacer ningún sonido. Recibía un modesto salario y disfrutaba de una vida cómoda.

Entonces un día el emperador pidió un solo de cada músico. El flautista se puso nervioso. No tenía tiempo para aprender a tocar el instrumento. Se fingió enfermo, pero el médico real no se dejó engañar. El día de su solo el impostor tomó veneno y se suicidó. La explicación de su suicidio dio lugar a que se acuñara la frase que ha pasado a otros idiomas: «Rehusó hacerle frente a la música». Una frase más común en español sería: «Rehusó enfrentar las consecuencias».[2]

2. Paul Lee Tan, *Encyclopedia of 7700 Illustrations* [Enciclopedia de 7700 ilustraciones], Assurance Publishers, Rockville, MD, pp. 562-563.

La cura para el engaño es sencillamente esta: Hágale frente a la música. Diga la verdad. Algunos de nosotros vivimos en engaño. Algunos de nosotros andamos en sombras. Las mentiras de Ananías y Safira resultaron en la muerte; también las nuestras. Algunos de nosotros hemos sepultado un matrimonio, partes de una conciencia, e incluso partes de nuestra fe; todo por no decir la verdad.

¿Se halla usted en un dilema, preguntándose si debería decir la verdad o no? La pregunta para hacerse en tales momentos es: ¿Bendecirá Dios mi engaño? ¿Bendecirá Él, quien aborrece la mentira, una estrategia levantada sobre mentiras? ¿Bendecirá el Señor, quien ama la verdad, el negocio de falsedades? ¿Honrará Dios la carrera del manipulador? ¿Acudirá Dios en auxilio del farsante? ¿Bendecirá Dios mi falta de veracidad?

A mí también me parece que no.

Examine su corazón. Hágase algunas preguntas duras.

¿Estoy siendo completamente veraz con mi esposa e hijos? ¿Se caracterizan mis relaciones por el candor? ¿Qué tal soy en mi trabajo o estudios? ¿Soy honrado en mis negocios? ¿Soy un estudiante digno de confianza? ¿Pago mis impuestos con honradez? ¿Soy un testigo fidedigno en el trabajo?

¿Dice usted la verdad... siempre?

Si no, empiece hoy. No espere hasta mañana. El efecto de la mentira de hoy es un oleaje mañana y un aluvión el año que viene. Empiece hoy. Sea como Jesús. Diga la verdad, toda la verdad, y nada más que la verdad.

Practiquen el dominio propio y estén alertas. Su enemigo el diablo ronda como león rugiente, buscando a quién devorar. Resístanlo, manteniéndose firmes en la fe.

1 PEDRO 5.8-9 (NVI)

CAPÍTULO NUEVE

EL INVERNADERO DE LA MENTE

Un corazón puro

Supóngase que viene a visitarme un día y me halla trabajando en mi invernadero. (Ni tengo invernadero ni soy bueno para la jardinería, pero supongamos que sí.) Le explico que el invernadero me lo regaló mi padre. Él usó el mejor equipo disponible para construir la estructura ideal para que las plantas crezcan. La atmósfera es perfecta. La luz exacta. La temperatura apropiada para las flores, frutas o cualquier cosa que yo quiera, y lo que quiero es flores y frutas.

Le pido que me acompañe mientras recojo algunas semillas para sembrar. Usted siempre ha pensado que a mí me falta un tornillo, pero lo que hago seguidamente le quita toda duda. Usted me acompaña mientras recorro un campo recogiendo semillas de hierbas malas. Semillas de espinos, dientes de león, hiedra venenosa. Lleno una bolsa con una variedad de semillas de hierbas y regreso a mi invernadero.

Usted casi ni puede creer lo que sus ojos vieron.

—Pensé que lo que usted quería era un invernadero lleno de flores y frutas.

—Eso es.

—Entonces, ¿no piensa que debería sembrar semillas de flores y de frutas?

—¿Tiene idea de cuánto cuestan esas semillas? Además, hay que ir hasta el vivero donde las venden, y eso queda lejos. No gracias; prefiero la ruta más barata y fácil.

Usted se aleja mascullando algo acerca de un destornillador para apretar tornillos.

EL INVERNADERO DEL CORAZÓN

Todo el mundo sabe que se siega lo que se siembra. Usted cosecha lo que siembra. Sin embargo, es extraño que lo que sabemos, cuando de cultivar la tierra se trata, tendemos a olvidarlo cuando cultivamos nuestro corazón.

Piense por un momento en su corazón como un invernadero. Las similitudes aparecerán bien rápido. El corazón, igualmente, es un regalo magnífico de su Padre. Igualmente es muy apropiado para que crezca algo en él. Además, como el invernadero, su corazón tiene que ser cultivado.

Considere por un momento sus pensamientos como semillas. Algunos pensamientos llegarán a ser flores. Otros producirán hierbas malas. Siembre las semillas de la esperanza y disfrute del optimismo. Siembre las semillas de la duda y espere inseguridad. «Lo que se siembra, se cosecha» (Gálatas 6.7, VP).

La prueba está donde quiera que usted mire. ¿Se ha preguntado por qué algunas personas tienen capacidad de teflón para resistir el negativismo y seguir siendo pacientes, optimistas y perdonando? ¿Podría ser que han sembrado con diligencia semillas de bondad y están disfrutando de la cosecha?

¿Se ha preguntado alguna vez por qué otros tienen la cara tan amargada? ¿Una actitud tan lóbrega? Usted también la tendrá si su corazón es un invernadero de hierbas malas y espinos.

Tal vez usted haya oído el cuento del hombre que regresó un día a su casa y encontró a su esposa de mal humor. Llegó a las seis y media de la tarde y pasó como una hora tratando de contentarla. Nada sirvió. Finalmente dijo:

—Empecemos de nuevo, y hagamos como si yo apenas estuviera llegando a casa.

Salió, y cuando él abrió la puerta, ella le dijo:

—Son las siete y media de la noche y ¿ahora es que estás llegando del trabajo?

La mujer estaba cosechando el resultado de unos pocos pensamientos de hierbas malas. Hagamos una pausa y una aplicación importante. Si el corazón es un invernadero y nuestros pensamientos son semillas, ¿no deberíamos tener cuidado de lo que sembramos? ¿No deberíamos ser selectivos respecto a las semillas que permitimos entrar al invernadero? ¿No debería haber un centinela en la puerta? ¿No es el guardar el corazón una tarea estratégica? Según la Biblia, lo es. «Sobre toda cosa guardada, guarda tu corazón; porque de él mana la vida» (Proverbios 4.23). O como dice otra versión: «Ten cuidado con lo que piensas, porque tus pensamientos gobiernan tu vida».

¡Qué afirmación más cierta! Pruebe el principio, y vea si acaso no concuerda.

Dos conductores estaban atascados en el mismo embotellamiento de tránsito. Uno de ellos hierve en cólera, pensando: *Mi horario está arruinado*. El otro lanza un suspiro de alivio: *Buena oportunidad para andar más despacio*.

Dos madres enfrentan la misma tragedia. La una queda destruida: *Nunca me sobrepondré a esto*. La otra está alicaída, pero decidida: *Dios me hará salir adelante*.

Dos ejecutivos enfrentan el mismo éxito. El uno se da a sí mismo palmaditas en la espalda y se vuelve petulante. El otro le da crédito a Dios y su agradecimiento crece.

Dos esposos cometen el mismo error. El uno amargadamente da por sentado que ha cruzado el límite de la gracia de Dios. El otro con gratitud da por sentado que ha descubierto una nueva profundidad de la gracia de Dios.

«Sobre toda cosa guardada, guarda tu corazón; porque de él mana la vida».

Mirémoslo desde otro ángulo. Supóngase que le pido que cuide mi casa mientras yo me voy de viaje. Usted promete tenerlo todo en buen orden. Pero cuando regreso encuentro el lugar en ruinas. La alfombra está destrozada, las paredes embadurnadas, los muebles hecho pedazos. Su explicación no impresiona para nada: unos motociclistas vinieron y necesitaban un lugar donde alojarse. Después el equipo de fútbol llamó buscando un lugar en donde tener una fiesta. Por supuesto, también llamó el club fraterno, buscando un lugar en donde celebrar sus ceremonias de iniciación. Como dueño tengo una pregunta: «¿No sabe cómo decir que no? Esta no es su casa. Usted no tiene el derecho de permitir que entre todo el que quiere entrar».

¿Ha pensado alguna vez que Dios quiere decir lo mismo en cuanto a nosotros?

AL CUIDADO DE NUESTROS CORAZONES

Usted tiene que admitir que algunos de nuestros corazones están en ruinas. Cualquier maleante llama a nuestra puerta, y nosotros se la abrimos de par en par. La ira llama, y le permitimos entrar. La venganza necesita un lugar donde alojarse, y nosotros le mostramos un sillón. La autocompasión quiere dar una fiesta, y nosotros le mostramos la cocina. La lujuria toca el timbre, y nosotros cambiamos las sábanas de la cama. ¿No sabemos cómo decir que no?

Muchos no lo saben. Para la mayoría de nosotros la administración del pensamiento es, por así decirlo, algo en lo que ni pensamos. Pensamos mucho en cuanto al manejo del tiempo, la administración del peso, la administración personal, incluso la administración del cuero cabelludo. Pero ¿qué tal en cuanto a la administración del pensamiento? ¿No deberíamos preocuparnos por manejar nuestros pensamientos así como administramos cualquier otra cosa? Jesús lo hacía. Como soldado entrenado a la puerta de una ciudad, vigilaba su mente. Obstinadamente vigilaba la entrada de su corazón. A muchos pensamientos les negó la entrada. ¿Necesita unos pocos ejemplos?

¿Qué tal en cuanto a la arrogancia? En una ocasión el pueblo decidió hacer a Jesús su rey. Que pensamiento más atractivo. A la mayoría de nosotros nos hubiera encantado la noción de realeza. Incluso aun cuando rechazáramos la corona, disfrutaríamos al considerar la invitación. Pero no Jesús. «Pero entendiendo Jesús que iban a venir para apoderarse de Él y hacerle rey, volvió a retirarse al monte Él solo» (Juan 6.15).

Otro ejemplo dramático ocurrió en la conversación de Jesús con Pedro. Después de oír que Jesús anunció que se acercaba la muerte en la cruz, el impetuoso apóstol objetó: «¡Imposible, Maestro! ¡Eso jamás puede suceder!» (véase Mateo 16.22). Evidentemente Pedro estaba a punto de poner en tela de duda la necesidad del Calvario. Pero nunca tuvo la oportunidad. Jesús cerró la misma entrada. Hizo salir al escape al mensajero y al autor de la herejía: «¡Apártate de mí, Satanás, pues me pones en peligro de caer! Tú no ves las cosas como las ve Dios, sino como las ven los hombres» (Mateo 16.23, VP).

¿Y cuando se burlaron de Jesús? ¿Alguna vez la gente se ha reído de usted? De Jesús también se burlaron. Cuando respondió a una solicitud de que sanara a una muchacha enferma, al entrar en la casa le dijeron que la muchacha había muerto. ¿Su respuesta? «La niña no está muerta, sino duerme». ¿Cuál fue la respuesta de la gente que había en la casa? «Y se burlaban de Él». Como todos nosotros, Jesús tuvo que enfrentar un momento de humillación; pero, a diferencia de la mayoría de nosotros, rehusó recibirla. Note su respuesta decisiva: «Mas Él, echando fuera a todos» (Marcos 5.39-40). Jesús no permitió que la burla entrara en la casa de la muchacha, ni tampoco en su mente.

Jesús guardaba su corazón. Si Él lo hizo, ¿no deberíamos hacer lo mismo? ¡Por supuesto! «Sobre toda cosa guardada, guarda tu corazón; Porque de él mana la vida» (Proverbios 4.23). Jesús quiere que su corazón sea fértil y fructífero. Quiere que usted tenga un corazón como el suyo. Ese el objetivo de Dios para usted. Quiere que usted piense y actúe como Cristo Jesús (véase Filipenses 2.5). Pero, ¿cómo? La respuesta es sorprendentemente sencilla. Podemos ser transformados si tomamos una decisión: *someteré mis pensamientos a la autoridad de Jesús.*

Es fácil soslayar una afirmación significativa que hizo Cristo en la conclusión del Evangelio de Mateo: «Toda potestad me es dada en el cielo y en la tierra» (Mateo 28.18). Jesús afirma ser el Jefe Supremo de los cielos y la tierra. Tiene la última palabra en todo, especialmente en cuanto a nuestros pensamientos. Tiene más autoridad, por ejemplo, que sus padres. Sus padres tal vez digan que usted es bueno para nada, pero Jesús dice que usted es valioso, y Él tiene autoridad sobre sus padres. Incluso dice que tiene más autoridad sobre usted que la que usted mismo tiene. Usted puede decirse que es demasiado malo para ser perdonado, pero Jesús tiene una opinión diferente. Si le da la autoridad sobre usted, no le permitirá más sus pensamientos de culpabilidad.

Jesús tiene también autoridad sobre sus ideas. Supóngase que usted concibe la idea de que quiere robar una tienda de abastecimientos. Sin embargo, Jesús ha dicho claramente que robar es malo. Si usted le ha dado la autoridad sobre sus ideas, la idea de robar no puede permanecer en sus pensamientos.

¿Nota lo que quiero decir por autoridad? Para tener un corazón puro debemos someter todos nuestros pensamientos a la autoridad de Cristo. Si estamos dispuestos a hacerlo, Él nos cambiará para que seamos como Él. Veamos cómo es esto.

GUARDE LA ENTRADA

Volvamos a la ilustración del invernadero. Su corazón es un invernadero fértil listo para producir buen fruto. Su mente es la entrada a su corazón; el lugar estratégico en donde usted determina cuáles semillas se siembran y cuáles se descartan. El Espíritu Santo está listo para ayudarle a manejar y filtrar los pensamientos que tratan de entrar. Él puede ayudarle a guardar su corazón.

Él se coloca con usted en el umbral. Se acerca un pensamiento cuestionable. ¿Le abre la puerta de par en par y le deja entrar? Por supuesto que no. Usted lleva «cautivo todo pensamiento a la obediencia de Cristo» (2 Corintios 10.5). Usted no deja la puerta desguarnecida. Usted se pone firme con esposas y cadenas de hierro, listo para capturar cualquier pensamiento que no debe entrar.

Por el gusto del debate, digamos que se le acerca un pensamiento respecto a su valor personal. Con toda la arrogancia del patán del barrio, el pensamiento abre la puerta de un empellón y dice: «Eres un perdedor. Toda tu vida lo has sido. Has echado a perder tus relaciones, empleos y ambiciones. Bien harías en escribir *vagabundo* en tu historial, porque eso es lo que eres».

La persona ordinaria le abrirá la puerta de par en par y le dejará entrar. Como la semilla de una hierba mala, hallará terreno fértil, echará raíz y producirá los espinos de la inferioridad. La persona promedio dirá: «Tienes razón. Soy un vagabundo. Entra».

Pero como cristiano usted no es una persona ordinaria. Usted es guiado por el Espíritu. Así que en lugar de permitir que ese pensamiento entre, usted lo toma cautivo. Lo encadena y lo hace marchar calle abajo en donde lo presenta ante el tribunal de Cristo.

—Jesús: Este pensamiento dice que soy un vagabundo y un perdedor, y que nunca llegaré a ser nada. ¿Qué piensas?

¿Ve usted lo que está haciendo? Usted está sometiendo ese pensamiento a la autoridad de Jesús. Si Jesús concuerda con el pensamiento, entonces déjelo entrar. Si no, sáquelo a patadas en el caso de que Jesús no concuerde.

¿Cómo saber si Jesús concuerda o discrepa? Usted abre su Biblia. ¿Qué piensa Dios en cuanto a usted? Efesios 2.10 es un buen lugar para verificar: «Porque somos hechura suya, creados en Cristo

Jesús para buenas obras, las cuales Dios preparó de antemano para que anduviésemos en ellas». O, ¿qué tal Romanos 8.1?: «Ahora, pues, ninguna condenación hay para los que están en Cristo Jesús».

Obviamente, ningún pensamiento que dice que usted es inferior o insignificante pasa la prueba; y no se le da entrada. Usted tiene el derecho de darle al maleante un buen puntapié en las asentaderas y verlo salir corriendo.

Tomemos otro ejemplo. El primer pensamiento fue un peleón; el siguiente es una lisonjera. Se le acerca, no para decirle cuán malo es usted, sino cuán bueno es. Llega corriendo a la puerta, y le espeta: «Eres tan bueno. Eres tan maravilloso. El mundo tiene suerte de que hayas nacido», y así por el estilo le colma de lisonjas.

Típicamente este es el pensamiento que usted recibe con beneplácito. Pero usted no hace las cosas de la manera típica. Usted guarda su corazón. Usted anda en el Espíritu; y lleva cautivo todo pensamiento. Así que de nuevo acude a Jesús. Usted somete este pensamiento a la autoridad de Cristo. Al desenvainar la espada del Espíritu, la Palabra de Dios, usted aprende que el orgullo no agrada a Dios.

No acaricie ideas exageradas respecto a sí mismo y a su importancia (véase Romanos 12.3). Pablo decía: «Pero lejos esté de mí gloriarme, sino en la cruz de nuestro Señor Jesucristo» (Gálatas 6.14).

Por más que le gustaría dar cabida a este pensamiento en su invernadero, no puede. Solo permite que entre lo que Cristo permite.

Un ejemplo más. Esta vez el pensamiento no es de crítica ni de lisonja, sino de tentación. Si usted es varón, el pensamiento viene vestido en rojo brillante. Si usted es mujer, el pensamiento es el atleta que siempre quería. Hay un cepillo en la mano, perfume en el aire, y la invitación: «Vamos; esto no es malo. Somos adultos, ¿no?»

¿Qué hacer? Pues bien, si usted no está bajo la autoridad de Cristo le abre la puerta de par en par. Pero si usted tiene la mente de Cristo, usted retrocede y dice: «No tan aprisa. Tienes que pedirle permiso a mi hermano mayor». Así que usted lleva esa situación apasionada a Jesús y le pregunta: «¿Sí o no?»

En ninguna parte Él contesta más claramente que en 1 Corintios 6 y 7: «No debemos buscar esa clase de relaciones sexuales que evaden el compromiso y la intimidad, dejándonos más solos que nunca ... ¿Es bueno tener relaciones sexuales? Por supuesto; pero solo dentro de cierto contexto. Es bueno que el hombre tenga su esposa, y que la mujer tenga su esposo. Los deseos sexuales son fuertes, pero el matrimonio es lo suficientemente fuerte como para contenerlos» (Véase 1 Corintios 6.18; 7.1-2).

Armado ahora con la opinión de Cristo y la espada del Espíritu, ¿qué hace usted? Pues bien, si la que lo tienta no es su esposa, usted cierra la puerta. Si la invitación es de su esposa, entonces ¡HURRA, HURRA, HURRA!

El punto es este. Guarde la entrada de su corazón. Someta sus pensamientos a la autoridad de Cristo. Mientras más selectivo sea usted en cuanto a las semillas, más se deleitará con la cosecha.

Vivan alegres por la esperanza que tienen; soporten con valor los sufrimientos; no dejen nunca de orar.

ROMANOS 12.12, VP

CAPÍTULO DIEZ

ENCUENTRE ORO EN LA BASURA

Un corazón lleno de esperanza

A Guillermo Rathje le encanta la basura. Este investigador graduado en la Universidad de Harvard está convencido de que podemos aprender mucho en los basureros del mundo. Los arqueólogos siempre han examinado la basura para estudiar una sociedad. Rathje hace lo mismo, pero elimina la espera. El Proyecto Basura, como él llama a su organización, viaja por todo el continente excavando los botaderos de basura, y documentando los hábitos de alimentación, estilos de ropa y niveles económicos.[1] Rathje puede hallar significado en nuestra basura.

Su organización documentó que el hogar promedio en los Estados Unidos desperdicia entre el diez y el quince por ciento de sus alimentos sólidos. El habitante promedio de los Estados Unidos produce media libra de basura al día, y el más grande basurero de los Estados Unidos, ubicado cerca de la ciudad de Nueva York, tiene

1. Jim Morrison, «Slighty Rotted Gold», *American Way Magazine* [«Oro ligeramente podrido» Revista *American Way*], 1º de abril de 1992, pp. 32-35.

suficiente basura para llenar el Canal de Panamá. Según Rathje, la basura se descompone más lentamente de lo que pensábamos. Halló un bistec entero de 1973 y periódicos legibles de la presidencia de Truman. Rathje aprende mucho al observar nuestros desechos.

Leyendo a Rathje se me ocurrió preguntarme: *¿Cómo será ser un «basurólogo»?* Cuando pronuncia un discurso, ¿se cataloga su charla como «verbosidad insulsa»? ¿Se podría decir que sus reuniones de personal son «revisiones de basura»? ¿Se podría llamar «desperdicios» a sus viajes de negocios? Cuando se pone a soñar despierto respecto a su trabajo, ¿le dice su esposa que saque su mente de la basura?

Aun cuando prefiero dejarle el trabajo sucio a Rathje, su actitud hacia la basura me intriga. ¿Qué tal si nosotros aprendemos lo mismo? ¿Supongamos que cambiamos la manera en que vemos la basura que nos sale al paso? Después de todo, ¿no tiene usted que soportar su propia porción de desperdicios? Tráfico embotellado. Trastadas de la computadora. Vacaciones pospuestas.

Y también hay días cuando ningún botadero de basura podría contener toda la basura que enfrentamos: cuentas médicas, documentos de divorcio, recortes en el sueldo y traiciones. ¿Qué hacer cuando le echan encima todo un camión de aflicciones?

En la pared de la oficina de Rathje hay un titular enmarcado que halló en un periódico: «Oro en la basura». Este basurólogo halla un tesoro en la basura. Jesús hizo lo mismo. En lo que todo mundo percibía como calamidad, Él vio una oportunidad. Debido a que vio lo que otros no veían, halló lo que otros se perdieron.

Al comienzo de su ministerio Jesús dijo esto en cuanto a nuestra visión: «Tus ojos son ventanas para tu cuerpo. Si abres bien tus ojos en asombro y creyendo, tu cuerpo se llena de luz. Si vives con los ojos medio cerrados por la codicia y la desconfianza, tu cuerpo es un sótano en penumbra» (véase Mateo 6.22-23).

En otras palabras, la manera en que miramos la vida determina cómo la vivimos. Pero Jesús hizo mucho más que articular este principio: lo modeló.

LA NOCHE MÁS NEGRA DE LA HISTORIA

La noche antes de su muerte todo un basurero muy real de ayes cayó sobre Jesús. En algún punto entre la oración en el Getsemaní y la farsa del juicio se halla lo que sería la escena más lóbrega del drama de la historia humana. Aun cuando el episodio entero no podía haber durado más de cinco minutos, el evento tenía en sí tanta maldad como para llenar mil basureros. Excepto por Cristo, nadie hizo nada bueno. Busque en la escena una onza de valor o una brizna de carácter, y no lo hallará. Todo lo que hallará será un montón putrefacto de engaño y traición. Sin embargo en todo esto Jesús vio razón para la esperanza. En su perspectiva nosotros hallamos un ejemplo para seguir.

> Levantaos, vamos; ved, se acerca el que me entrega.
>
> Mientras todavía hablaba, vino Judas, uno de los doce, y con él mucha gente con espadas y palos, de parte de los principales sacerdotes y de los ancianos del pueblo.
>
> Y el que le entregaba les había dado señal, diciendo: Al que yo besare, ése es; prendedle.
>
> Y en seguida se acercó a Jesús y dijo: ¡Salve, Maestro! Y le besó.
>
> Y Jesús le dijo: Amigo, ¿a qué vienes? Entonces se acercaron y echaron mano a Jesús, y le prendieron.
>
> Pero uno de los que estaban con Jesús, extendiendo la mano, sacó su espada, e hiriendo a un siervo del sumo sacerdote, le quitó la oreja.
>
> Entonces Jesús le dijo: Vuelve tu espada a su lugar; porque todos los que tomen espada, a espada perecerán.
>
> ¿Acaso piensas que no puedo ahora orar a mi Padre, y que Él no me daría más de doce legiones de ángeles?
>
> ¿Pero cómo entonces se cumplirían las Escrituras, de que es necesario que así se haga?

En aquella hora dijo Jesús a la gente: ¿Como contra un ladrón habéis salido con espadas y con palos para prenderme? Cada día me sentaba con vosotros enseñando en el templo, y no me prendisteis.

Mas todo esto sucede, para que se cumplan las Escrituras de los profetas. Entonces todos los discípulos, dejándole, huyeron (Mateo 26.46-56).

Si hubieran enviado a un reportero para hacer la crónica de su arresto, su titular tal vez hubiera dicho:

NOCHE OSCURA PARA JESÚS

Predicador galileo abandonado por sus amigos

El viernes pasado lo recibieron con palmas. Anoche lo arrestaron con espadas. El mundo de Jesús de Nazaret se tratornó al ser arrestado por un grupo de soldados y ciudadanos iracundos en un huerto a poca distancia de la muralla de la ciudad. Apenas una semana después de su entrada triunfal, su popularidad se ha ido al suelo. Incluso sus seguidores rehúsan conocerlo. Los discípulos que se enorgullecían de que los vieran con Él a principios de la semana, anoche salieron huyendo. Con el público reclamando su muerte y los discípulos negando toda participación, el futuro de este célebre maestro parece tétrico, y el impacto de su misión parece limitado.

La noche más oscura en la vida de Jesús se caracterizó por una crisis tras otra. En un momento veremos lo que Jesús vio, pero primero consideremos lo que un observador hubiera presenciado en el huerto de Getsemaní.

Primero hubiera visto una *oración no contestada*. Jesús acababa de hacer una apelación angustiosa a Dios: «Padre mío, si es posible, pase de mí esta copa; pero no sea como yo quiero, sino como tú» (Mateo 26.39). Esa no fue una hora de oración en calma y serena. Mateo dice que Jesús «comenzó a entristecerse y a angustiarse en gran manera» (26.37). El Maestro «se postró sobre su rostro» (26.39), y clamó a Dios. Lucas nos dice que Jesús estaba «en agonía» y que «era su sudor como grandes gotas de sangre que caían hasta la tierra» (Lucas 22.44).

Jamás la tierra ha ofrecido una petición más urgente. Jamás el cielo ha ofrecido un silencio más ensordecedor. La oración de Jesús quedó sin contestación. ¿*Jesús* y la *oración no contestada* en la misma frase? ¿No es una contradicción? ¿Acaso el hijo de Henry Ford no tendría su automóvil o el de Bill Gates[2] no tendría su computadora? Dios, el dueño del ganado de mil colinas, ¿guardaría algo de su propio Hijo? Lo hizo esa noche. Consecuentemente, Jesús tuvo que lidiar con el dilema de la oración no contestada; y eso fue nada más que el principio. Mire lo que surgió luego:

«Mientras todavía hablaba, vino Judas, uno de los doce, y con él mucha gente con espadas y palos, de parte de los principales sacerdotes y de los ancianos del pueblo ... Entonces se acercaron y echaron mano a Jesús, y le prendieron» (Mateo 26.47,50).

Judas llegó con una chusma enfurecida. De nuevo, desde la perspectiva de un observador, esta turba representaba otra crisis. No solo que Jesús tuvo que enfrentar la oración no contestada, sino que también tuvo que lidiar con el *servicio infructuoso*. La misma gente que había venido a salvar ahora venía a arrestarlo.

Permítame darle un hecho que tal vez altere su impresión de esa noche. Tal vez usted concibe a Judas a la cabeza de una docena o algo así de soldados que traen un par o tres antorchas. Mateo nos dice, sin embargo, que vino «mucha gente» para arrestar a Jesús. Juan es

2. Willian Henry Gates, llamado Bill, empresario norteamericano fundador y presidente de la corporación Microsoft, empresa dedicada a la creación de sistemas operativos informáticos (Nota del Editor).

incluso más específico. El término que emplea es el vocablo griego *speira* o «una compañía de soldados» (Juan 18.3). Por lo mínimo una *speira* indica un grupo de doscientos soldados. ¡Puede describir un escuadrón de hasta mil novecientos![3]

Equipados con la descripción que da Juan, sería más preciso imaginarse un río de varios cientos de tropas entrando en el huerto. Añádase a esa cifra la cantidad indeterminada de mirones a quienes Mateo sencillamente llama «la multitud» y usted tiene toda una turba.

De seguro que en un grupo así de numeroso habrá una persona que defenderá a Jesús. Auxilió a tantos. Todos los sermones. Todos los milagros. Ahora ellos deberían dar fruto. Así que esperamos por lo menos una persona que declare: «¡Jesús es inocente!» Pero nadie lo hace. Ni una sola persona habló a su favor. La gente que había venido a salvar se volvió en su contra.

Casi podemos olvidarnos de la multitud. Su contacto con Jesús fue demasiado breve, demasiado casual. Tal vez no sabía otra cosa mejor. Pero los discípulos si sabían. Sabían más. Le conocían a *Él* mejor. Pero, ¿defendieron a Jesús? Ni en sueños. La píldora más amarga que Jesús tuvo que tragar fue *la increíble traición* de parte de sus discípulos.

Judas no fue el único desertor. Mateo es admirablemente franco cuando confiesa: «Entonces todos los discípulos, dejándole, huyeron» (Mateo 26.56).

Una palabra tan corta, *todos* está repleta de dolor. «*Todos* los seguidores de Jesús huyeron». Juan huyó. Mateo huyó. Simón huyó. Tomás huyó. Todos lo hicieron. No tenemos que ir muy lejos para hallar la última vez que se usó esta palabra. Observe el versículo que está unas pocas líneas antes de nuestro texto: «Pedro le dijo: Aunque me sea necesario morir contigo, no te negaré. Y *todos* los discípulos dijeron lo mismo» (Mateo 26.35, cursivas mías).

3. William Barclay, *The Gospel of John*, The Westminster Press, Filadelfia, 1975, vol. 2, p. 222.

Todos juraron lealtad; y sin embargo *todos* huyeron. Mirándolo desde afuera, todos vemos la traición. Los discípulos le habían dejado. El pueblo le había rechazado. Y Dios no le había oído. Nunca se echó tanta basura sobre un ser humano. Amontone en una sola pila toda la deslealtad de padres que no sostienen a sus hijos y esposas que engañan a sus cónyuges, e hijos pródigos y trabajadores faltos de honradez, y usted empezará a ver lo que Jesús tuvo que enfrentar esa noche. Desde el punto de vista humano el mundo de Jesús se derrumbó. Ninguna respuesta del cielo, ninguna ayuda de la gente, y nada de lealtad de parte de sus amigos.

Jesús, hundido hasta el cuello en desperdicios. Así es como yo describiría la escena. Así es como el reportero la hubiera descrito. Así es como un testigo la hubiera contado. Pero no fue así como Jesús la vio. Él vio algo enteramente diferente. No estaba ajeno a la basura; sencillamente no estaba limitado por ella. De alguna manera Él fue capaz de ver bien en el mal, el propósito en el dolor, y la presencia de Dios en el problema.

Podemos usar un poco de la visión 20-20 de Jesús, ¿verdad? Usted y yo vivimos en un mundo de basura. La basura no buscada nos sale al paso regularmente. Nosotros, también, tenemos oraciones no contestadas, sueños infructuosos y traiciones increíbles; ¿no es así? ¿No le ha tocado una saco lleno de infortunios y dolores de corazón? Por supuesto que sí. Puedo preguntarle: ¿qué va a hacer con esto?

VEA LO QUE JESÚS VE

Usted tiene varias alternativas. Puede esconderlo. Puede tomar la bolsa de basura y embutirla debajo de su abrigo y metérsela debajo del vestido, y decir que no está allí. Pero usted y yo sabemos que eso no engaña a nadie. Además, tarde o temprano empezará a heder. O puede disfrazarla. Píntela de verde, póngala en el patio del frente, y dígale a todo mundo que se trata de un árbol. De nuevo, nadie se lo creerá, y pronto va a apestar. Así que, ¿qué va a hacer? Si sigue el ejemplo de Cristo, aprenderá a ver los tiempos malos en forma diferente. Recuerde: Dios le ama tal como usted es, pero rehúsa dejarlo de esa manera. Él quiere que usted tenga un corazón lleno de esperanza... como Jesús.

Esto fue lo que Jesús hizo.

Encontró bien en el mal. Sería difícil encontrar a alguien peor que Judas. Algunos dicen que fue un buen hombre que usó una estrategia que le salió mal. No lo creo. La Biblia dice que Judas «era ladrón, y teniendo la bolsa, sustraía de lo que se echaba en ella» (Juan 12.6). El hombre era un pillo. De alguna manera pudo vivir en la presencia de Dios y experimentar los milagros de Cristo y sin embargo seguir sin cambio alguno. Al final decidió que prefería el dinero al amigo, así que vendió a Jesús por treinta monedas de plata. Lo lamento, pero cualquier vida humana vale más que treinta piezas de plata. Judas fue un bandido, un impostor, un sinvergüenza. ¿Cómo podría alguien verlo de alguna otra manera?

No lo sé, pero Jesús lo hizo. Apenas a centímetros de la cara del traidor Jesús le miró y le dijo: «Amigo, ¿a qué vienes?» (Mateo 26.50). Qué vio Jesús en Judas para considerarlo digno de llamarlo amigo, ni siquiera puedo imaginármelo. Pero sí sé que Jesús no miente, y en ese momento vio algo bueno en un hombre muy malo.

Sería provechoso si nosotros hiciéramos lo mismo. ¿Cómo? De nuevo Jesús nos da la guía. No le echó toda la culpa a Judas. Vio otra presencia esa noche: «mas esta es vuestra hora, y la potestad de las tinieblas» (Lucas 22.53). De ninguna manera Judas fue inocente, ni tampoco estaba actuando solo. Los que lo atacan a usted tampoco están actuando solos. «Porque no tenemos lucha contra sangre y carne, sino contra principados, contra potestades, contra los gobernadores de las tinieblas de este siglo, contra huestes espirituales de maldad en las regiones celestes» (Efesios 6.12).

Los que nos traicionan son víctimas de un mundo caído. No tenemos que echarles toda la culpa. Jesús encontró suficiente bien en la cara de Judas como para llamarle amigo, y puede ayudarnos a hacer lo mismo con los que nos ofenden.

No solo que Jesús encontró bien en el mal, sino *que encontró propósito en el dolor*. De las aproximadamente cien palabras que Jesús pronunció durante su arresto, casi treinta se refieren al propósito de Dios.

«¿Pero cómo entonces se cumplirían las Escrituras, de que es necesario que así se haga?» (Mateo 26.45).

«Mas todo esto sucede, para que se cumplan las Escrituras de los profetas» (v. 56).

Jesús escogió ver su lucha inmediata como parte necesaria de un plan mayor. Vio el conflicto en el Getsemaní como un acto importante pero singular en el grandioso manuscrito del drama divino.

Presencié algo similar en un viaje hace poco. Mi hija Andrea y yo estábamos volando a la ciudad de St. Louis. Debido a las tormentas el vuelo se atrasó y luego fue desviado a otra ciudad, en donde tuvimos que quedarnos sentados en el avión esperando en la pista a que las nubes pasaran. Mientras miraba una y otra vez mi reloj, y tamborileaba con mis dedos, preguntándome cuándo llegaríamos, un hombre al otro lado del pasillo me tocó el brazo y me preguntó si podía prestarle mi Biblia. Se la di. El hombre se volvió a una joven que estaba sentada a su lado, abrió la Biblia y los dos leyeron las Escrituras por el resto del viaje.

Después de algún tiempo el cielo se aclaró, y continuamos nuestro viaje. Aterrizábamos en St. Louis cuando el hombre me devolvió mi Biblia, y me explicó en voz baja que era el primer vuelo de la joven. Ella acababa de enrolarse en el ejército y por primera vez había salido de su casa. El hombre le había preguntado si creía en Cristo, y ella le había dicho que había querido hacerlo pero que no sabía cómo. Allí fue cuando el hombre me pidió prestada mi Biblia y le habló de Jesús. Cuando aterrizamos ella le dijo que creía en Jesús como el Hijo de Dios.

Desde entonces he pensado en ese episodio. ¿Envió Dios la tormenta para que la joven pudiera oír el evangelio? ¿Hizo Dios que nuestro vuelo se atrasara para que ella tuviera tiempo suficiente para aprender acerca de Jesús? Yo no lo haría a un lado. Así es como Jesús escogió ver la tormenta que le salió al paso: turbulencia necesaria en el plan de Dios. Allí donde otros veían cielos nublados, Jesús veía orden divino. Su sufrimiento fue necesario para cumplir la profecía, y su sacrificio fue necesario para cumplir la ley.

¿No le gustaría tener un corazón lleno de esperanza? ¿No le gustaría ver el mundo con los ojos de Jesús? Donde vemos oración no contestada, Jesús vio oración contestada. Donde vemos la ausencia de Dios, Jesús vio el plan de Dios. Observe especialmente el versículo 53: «¿Acaso piensas que no puedo ahora orar a mi Padre, y que Él no me daría más de doce legiones de ángeles?» De todos los tesoros que Jesús vio en la basura, este es el más significativo. Vio a su Padre. Vio la presencia de su Padre en el problema. Doce ejércitos de ángeles estaban al alcance de su vista.

Claro que sí, Max; pero Jesús era Dios. Podía ver lo invisible. Tenía ojos para el cielo y visión sobrenatural. Yo no puedo ver como Él veía.

Todavía no, tal vez; pero no subestime el poder de Dios. Él puede cambiar la manera en que usted ve la vida.

¿Necesita prueba? ¿Qué tal el ejemplo de Eliseo y su criado? Los dos estaban en Dotán, cuando un rey furioso envió su ejército para destruirlos.

> Y se levantó de mañana y salió el que servía al varón de Dios, y he aquí el ejército que tenía sitiada la ciudad, con gente de a caballo y carros. Entonces su criado le dijo: ¡Ah, señor mío! ¿qué haremos?
>
> Él le dijo: No tengas miedo, porque más son los que están con nosotros que los que están con ellos.
>
> Y oró Eliseo, y dijo: Te ruego, oh Jehová, que abras sus ojos para que vea. Entonces Jehová abrió los ojos del criado,

> y miró; y he aquí que el monte estaba lleno de gente de a caballo, y de carros de fuego alrededor de Eliseo (2 Reyes 6.15-17).

Por el poder de Dios el siervo vio a los ángeles. ¿Quién dice que lo mismo no le puede ocurrir a usted?

Dios nunca promete eximirnos de nuestras luchas. Lo que sí promete, no obstante, es cambiar la manera en que las vemos. El apóstol Pablo dedica un párrafo para hacer una lista de las bolsas de basura: aflicciones, problemas, sufrimientos, hambre, desnudez, peligro y muerte violenta. Son los verdaderos botaderos de basura de dificultad de la que anhelamos escapar. Pablo, sin embargo, indica su valor: «En todas estas cosas tenemos la victoria completa por medio de Dios» (véase Romanos 8.35-37). Nosotros preferiríamos otra preposición. Optaríamos por «*aparte* de todas estas cosas», o «*lejos* de todas estas cosas», o incluso «*sin* todas estas cosas». Pero Pablo dice: «*en*» todas estas cosas. La solución no es evadir el problema, sino cambiar la manera en que vemos nuestros problemas.

Dios puede corregir su visión.

Él pregunta: «¿Quién le dio la vista a la persona?» y luego responde: «¿No soy yo Jehová?» (Éxodo 4.11). Dios le permitió a Balaam ver a un ángel y a Eliseo ver el ejército, y a Jacob ver una escalera, y a Saulo ver al Salvador. Más de uno ha hecho la petición del ciego: «Maestro, que recobre la vista» (Marcos 10.51). Y más de uno se ha marchado con visión clara. ¿Quién dice que Dios no hará lo mismo para usted?

Cantad a Jehová cántico nuevo;
Cantad a Jehová, toda la tierra.
Cantad a Jehová, bendecid su nombre;
Anunciad de día en día su salvación.

SALMO 96.1-2

Regocijaos de que vuestros nombres
están escritos en los cielos.

LUCAS 10.20

CAPÍTULO ONCE

CUANDO EL CIELO CELEBRA

Un corazón que se regocija

Mi familia hizo anoche algo muy especial para mí. Dieron una fiesta en mi honor, una fiesta de cumpleaños, y de sorpresa. A principios de la semana pasada le dije a Denalyn que no hiciera ningún plan especial aparte de una cena familiar tranquila en algún restaurante. Ella escuchó solo la parte del restaurante. Yo no tenía ni idea de la docena de familias que iban a venir.

Es más, traté de persuadirla de que nos quedáramos en casa. «Vayamos a cenar fuera otro día», le dije. Andrea había estado enferma. Jenna tenía deberes que hacer, y yo pasé toda la tarde viendo juegos de fútbol en la televisión, y me sentía holgazán. No me sentía con ganas de levantarme, arreglarme y salir. Pensé que no tendría problema para convencer a las hijas de posponer la comida. ¡Vaya que me sorprendieron! No quisieron ni siquiera oírlo. A cada una de las objeciones que presenté, respondieron con una defensa unida y unánime. Mi familia lo dejó bien en claro: saldríamos a comer fuera.

No solo eso, sino que saldríamos a la hora señalada. Consentí, y empecé a alistarme. Pero para consternación de ellas, yo andaba demasiado despacio. Éramos un estudio en contrastes. Mi actitud era: *¿Para qué apurarse?* La actitud de mis hijas: *¡Apúrate!* Yo remoloneaba.

Ellas estaba listas para salir disparadas. Yo estaba contento con quedarme en casa. Ellas estaban sin poder contenerse por salir. Para ser franco, me quedé perplejo por sus acciones. Ellas estaban a tiempo en forma nada usual. Curiosamente entusiastas. ¿A qué tanta alharaca? pensé, me encanta salir tanto como a cualquiera, pero Sara no dejó de reírse en todo el trayecto al restaurante.

Solo cuando llegamos sus acciones cobraron sentido. Un paso dentro del umbral y comprendí su entusiasmo: ¡SORPRESA! Con razón actuaban diferente. Sabían algo que yo no sabía. Habían visto algo que yo no había visto. Ya habían visto las mesas, y apilado los regalos, y olido el pastel. Puesto que sabían de la fiesta, hicieron todo lo necesario para cerciorarse de que yo no me la perdiera.

Jesús hace lo mismo por nosotros. Él sabe de LA FIESTA. En uno de los más grandiosos capítulos de la Biblia, Lucas 15, nos cuenta tres historias. Cada una habla de algo que se perdió y que fue hallado. Una oveja perdida. Una moneda perdida. Un hijo perdido. Al final de cada historia Jesús describe una fiesta, una celebración. El pastor hizo fiesta por haber hallado a su oveja perdida. La mujer hizo fiesta porque halló su moneda perdida. El padre hizo una fiesta en honor al hijo perdido que había hallado.

Tres parábolas, cada una con una fiesta. Tres historias, y en cada una aparece la misma palabra: *gozo*. Respecto al pastor que halló a su oveja, Jesús dice: «Y cuando la encuentra, la pone sobre sus hombros *gozoso*» y se va a su casa (vv. 5-6, cursivas añadidas). Cuando la mujer encontró su moneda perdida, anunció: «*Gozaos* conmigo, porque he encontrado la dracma que había perdido» (v. 9, cursivas añadidas). Cuando el padre del hijo pródigo le explica al hermano mayor renuente, le dice: «Mas era necesario hacer fiesta y *regocijarnos*, porque este tu hermano era muerto, y ha revivido; se había perdido, y es hallado» (v. 32, cursivas añadidas).

El punto está claro. Jesús se alegra mucho cuando se halla lo que estaba perdido. Para Él ningún momento se compara al momento de la salvación. Para mi hija la alegría empezó cuando me vestí y nos acomodamos en el automóvil y salimos a la calle para dirigirnos a la fiesta. Lo mismo ocurre en el cielo. Basta que un hijo consienta en vestirse de justicia, empiece el viaje de regreso y el cielo prepara el refresco, cuelga las serpentinas y lanza el confeti. «Hay gozo delante de los ángeles de Dios por un pecador que se arrepiente» (v. 10).

Hace un siglo este versículo hizo que Carlos Spurgeon escribiera:

> Hay días de Navidad en el cielo en los cuales se observa el más elevado culto a Cristo, y no se glorifica a Cristo porque haya nacido en un pesebre sino porque nace en un corazón quebrantado. Son días cuando el pastor trae a casa sobre sus hombros la oveja perdida, cuando la iglesia ha barrido su casa y hallado la moneda perdida, porque entonces se reúne a los amigos y vecinos, y se regocijan con alegría indecible y plena de gloria por un pecador que se arrepiente.[1]

¿Cómo explicamos tal gozo? ¿Por qué tanta alharaca? Usted tiene que admitir que el entusiasmo despierta curiosidad. No estamos hablando de la gente de una nación o de los pobladores de una ciudad; estamos hablando de gozo «cuando *un* pecador cambia su corazón y su vida». ¿Cómo puede una sola persona crear tanto entusiasmo?

¿Quién imaginaría que nuestras acciones tienen tal impacto en los cielos? Podemos vivir y dejar ninguna otra cosa que un obituario. Nuestras más grandes acciones en la tierra pasarán en su mayoría inadvertidas y sin registrarse. ¿Nos atrevemos a pensar que Dios está prestando atención?

Según este versículo, la presta. De acuerdo a Jesús nuestras decisiones tienen un impacto termostático en el mundo invisible. Nuestras acciones en el teclado de la tierra disparan martinetes sobre

1. Charles Spurgeon, sermón titulado «La simpatía de dos mundos» citado en John MacArthur, *The Glory of Heaven* [La gloria del cielo], Crossway Books, Wheaton, IL, 1996, p. 246.

las cuerdas del piano en los cielos. Nuestra obediencia tira las cuerdas que hacen repicar las campanas de los cielos. Cuando un hijo llama el Padre inclina su oído. Una hermana llora y las lágrimas empiezan a correr desde arriba. Si muere un santo la puerta se abre. Pero, más importante, si un pecador se arrepiente, toda otra actividad cesa y todo ser celestial celebra.

Impresionante esta respuesta a nuestra conversión. El cielo no hace fiesta alguna por nuestros otros logros. Cuando nos graduamos del colegio o abrimos un negocio, o cuando tenemos un hijo, hasta donde sabemos, el burbujeo del cielo se queda en el refrigerador. ¿A qué tanta alharaca por nuestra conversión?

Nosotros no siempre compartimos ese entusiasmo, ¿verdad? Cuando usted oye que se salva un alma, ¿deja todo y corre a celebrarlo? ¿Hace eso que su día sea bueno o hace que su día malo sea mejor? Tal vez nos sintamos complacidos, pero ¿exuberantes? ¿Revientan nuestros pechos con gozo? ¿Sentimos la urgencia de llamar la orquesta, cortar la torta y hacer fiesta? Cuando se salva un alma el corazón de Jesús se torna como el firmamento nocturno en el día de la independencia, radiante con explosiones de alegría.

¿Podría decirse lo mismo de nosotros? Tal vez este es un aspecto al cual nuestros corazones debe dar algo de atención.

LA OBRA MAGNA DE DIOS

¿Por qué Jesús y sus ángeles se regocijan por un pecador que se arrepiente? ¿Pueden ver algo que nosotros no podemos ver? ¿Saben algo que nosotros no sabemos? Claro que sí. Saben lo que guarda el cielo. Han visto la mesa, han oído la música, y se mueren de deseos de ver su cara cuando usted llegue. Todavía mejor, se mueren de deseos de verlo llegar.

Cuando usted llegue y entre a la fiesta ocurrirá algo maravilloso: una transformación final. Usted será tal como Jesús. Beba hasta el fondo en 1 Juan 3.2: «Aún no se ha manifestado lo que hemos de ser;

pero sabemos que cuando Él se manifieste, seremos semejantes a Él, porque *le veremos tal como Él es*» (cursivas añadidas).

De todas las bendiciones del cielo ¡una de las más grandes será suya! Usted será la obra magna de Dios, su obra de arte. Los ángeles se quedarán boquiabiertos. La obra de Dios quedará completa. Finalmente usted tendrá un corazón como el suyo.

Usted amará con amor perfecto.

Usted adorará con cara radiante.

Usted oirá cada palabra que Dios habla.

Su corazón será puro, sus palabras serán como joyas, sus pensamientos serán como tesoros.

Usted será tal como Jesús. Al fin usted tendrá un corazón como el suyo. Conciba el corazón de Jesús y concebirá el suyo propio. Sin culpa. Sin temor. Entusiasta y gozoso. Adorando incansablemente. Discerniendo sin equivocación. Así como el arroyo en la montaña es prístino e interminable, así será su corazón. *Usted será como Él.*

Como si eso no fuera suficiente, todo el mundo también será como Él. «El cielo es el lugar perfecto para personas que han sido hechas perfectas»[2]. El cielo está poblado por aquellos que le permiten a Dios cambiarlos. Cesarán las discusiones, porque no habrá celos. Las sospechas no aflorarán a la superficie, porque no habrá secretos. Todo pecado habrá desaparecido. Toda inseguridad quedará en el olvido. Todo temor en el pasado. Trigo puro. Nada de hierbas malas. Oro puro. Nada de aleación. Amor puro. Nada de lujuria. Esperanza pura. Nada de temor. No en balde los ángeles se regocijan cuando un pecador se arrepiente; saben que otra obra de arte pronto adornará la galería de Dios. Saben lo que guarda el cielo.

Hay todavía otra razón para la celebración. Parte del entusiasmo resulta de nuestra llegada. La otra parte viene de nuestra liberación. Jesús se regocija de que nos dirijamos al cielo, pero igualmente se alegra porque somos salvos del infierno.

2. *Ibid.*

DE QUÉ SOMOS SALVADOS

Una frase resume el horror del infierno: «Dios no está allí».

Piense por un momento en esta pregunta: ¿Qué si Dios no estuviera en la tierra? Piensa usted que la gente puede ser cruel ahora; imaginémonos lo que serían sin la presencia de Dios. Piensa que somos brutales unos con otros, imagínese al mundo sin el Espíritu Santo. Piensa que hay soledad y desesperación, y culpabilidad hoy; imagínese la vida sin el toque de Jesús. No hay perdón, ni esperanza, ningún acto de bondad, ninguna palabra cariñosa; no se da ningún alimento en su nombre, ni se entonan cantos de alabanza, ni se hacen obras en su honor. Si Dios quitara sus ángeles, su gracia, su promesa de eternidad y sus siervos, ¿cómo sería el mundo?

En una palabra: un infierno. Nadie para consolarle ni música para calmarlo. Un mundo donde los poetas no escriben sobre el amor ni cantores cantan acerca de la esperanza, porque el amor y la esperanza fueron pasajeros en la nave que ya partió. El buque final ya se ha ido, y el himno infernal tiene solo tres palabras: «si yo hubiera».

Según Jesús el infierno conoce solo un sonido: «el lloro y el crujir de dientes» (Mateo 22.13). Del infierno sale un quejido lastimero al darse cuenta sus habitantes de la oportunidad que se perdieron. Qué no darían ellos por otra oportunidad. Pero la oportunidad ya pasó (Hebreos 9.27).

DIOSES Y DIOSAS POSIBLES

¿Comprende ahora por qué los ángeles se regocijan cuando un pecador se arrepiente? Jesús sabe lo que le espera al salvo. También sabe lo que le espera al condenado. ¿Puede usted ver por qué debemos nosotros regocijarnos igualmente? ¿Cómo podemos? ¿Cómo pueden nuestros corazones cambiar para que nos regocijemos como Jesús se regocija?

Pida a Dios ayuda para tener su visión eterna del mundo. La visión divina de la humanidad es punzantemente sencilla. Desde su perspectiva toda persona es o está...

- entrando por la puerta estrecha o la puerta ancha (Mateo 7.13-14)
- andando por la senda estrecha o la senda ancha (Mateo 7.24-27)
- sabia o necia (Mateo 25.2)
- preparada o no preparada (Mateo 24.45-51)
- llevando fruto o no llevando fruto (Mateo 25.14-27)
- llamada al cielo o dirigiéndose al infierno (Marcos 16.15-16)

Cuando naufragó el vapor *Titanic*, más de dos mil cien personas cayeron a las frígidas aguas del Atlántico. En la costa se pusieron los nombres de los pasajeros en dos columnas sencillas: salvos y perdidos.[3] La lista de Dios es igualmente sencilla.

Nuestros libros de contabilidad, sin embargo, están atiborrados con columnas innecesarias. ¿Es rico? ¿Es bonita? ¿En qué trabaja? ¿De qué color es su piel? ¿Tiene título universitario? Estas cosas son irrelevantes para Dios. Conforme Él nos moldea para que seamos más como Jesús, esas cosas también se vuelven irrelevantes para nosotros. Alguien parafraseó 2 Corintios 5.16: «Nuestro conocimiento de los hombres no puede basarse ya más en su vida externa».

Tener un corazón como el suyo es mirar las caras de los salvos ¡y regocijarnos! Están apenas a una tumba de ser como Jesús. Tener un corazón como el suyo es ver la cara de los perdidos y orar. Porque

3. James Ryle, manuscrito inédito. Usado con permiso.

a menos que ellos se conviertan, están apenas a una tumba del tormento.

C. S. Lewis lo dijo de esta manera:

> Es algo serio vivir en una sociedad de posibles dioses y diosas, recordar que la persona más aburrida y menos interesante con quien usted habla puede un día convertirse en una criatura a la que, si usted la viera ahora, se sentiría fuertemente tentado a adorar, o convertirse en un espanto y corrupción como usted ve solo en una pesadilla. Todo el día estamos, hasta cierto punto, empujándonos unos a otros hacia uno u otro de estos destinos.[4]

Así que mi reto para usted es sencillo. Pídale a Dios que le ayude a captar su visión eterna del mundo. Toda persona con quien usted se cruza ha recibido una invitación a la cena. Cuando uno dice que sí, ¡celébrelo! Cuando alguno actúa remoloneando, así como yo anoche, haga lo que hicieron mis hijas. Ínstelo y anímelo a que se aliste. Es casi la hora de la fiesta, y usted no quiere que esa persona se la pierda.

4. C. S. Lewis, *The Weight of Glory*, Macmillan, Nueva York, 1949, pp. 14-15.

Corramos con perseverancia la carrera que tenemos por delante.

HEBREOS 12.1 (NVI)

CAPÍTULO DOCE

TERMINE CON FUERZA

Un corazón que resiste

En uno de mis estantes tengo un libro sobre músculos abdominales. Su portada muestra un retrato en primer plano de un tipo flexionando el vientre. Su barriga tiene más surcos y crestas que un lago en un día ventoso. Inspirado, compré el libro, leí la rutina, e hice las flexiones... por una semana.

No lejos del libro sobre músculos se halla una serie de cintas acerca de lectura rápida. Esta compra fue idea de Denalyn, pero cuando leí la propaganda, yo también me entusiasmé. El curso promete hacer en mi mente lo que el libro de *músculos abdominales* promete hacer por mi barriga: convertirme en acero. El texto en la contraportada promete que al dominar esta serie en seis semanas usted podrá leer dos veces más rápido y retener el doble del material. Todo lo que tiene que hacer es oír las cintas, lo que me propongo hacer... algún día.

También tengo un envase de minerales esenciales. Treinta y dos onzas de salud pura. Una al día e ingeriré mi cuota de calcio, cloro, magnesio, sodio y otros sesenta y seis elementos terrenales y vitales. (Tienen incluso algo de hierro, lo cual es bueno puesto que me perdí el hierro de los músculos abdominales y la mente de acero.) El entusiasta que me vendió los minerales me convenció de que treinta dólares era poco costo que pagar por buena salud. Lo que pasa es que me olvido de tomarlas.

No me entienda mal. No todo en mi vida es incompleto. (Este libro está terminado... bueno, casi.) Pero confieso, no siempre termino lo que comienzo. Lo más probable es que no esté solo. ¿Tiene algún proyecto inconcluso bajo su tejado? ¿Tal vez una máquina para hacer ejercicios cuya utilidad primordial actual es colgar toallas? ¿Algún curso de alfarería sin abrir? ¿Qué tal la terraza en el patio a medio terminar, o la piscina a medio cavar, o el jardín a medio plantar? Ni siquiera toquemos el tema de las dietas y el perder peso, ¿le parece?

Usted lo sabe tan bien como yo: una cosa es empezar algo, y otra enteramente diferente, completarlo. Usted piensa que voy a hablarle de la importancia de terminarlo todo. Podría ser que usted esté a punto de recibir un chubasco de castigo.

Si piensa así, tranquilícese. «No empiece lo que no puede terminar» no es uno de mis puntos. No le voy a decir nada respecto a lo que se usa para pavimentar el camino al infierno. Para serle franco, no creo que usted debería terminar todo lo que empieza. (Todo estudiante con deberes debe haber abierto bien los ojos.) Hay ciertos proyectos que es mejor dejarlos a medias, y otros que sabiamente hay que abandonar. (Sin embargo, no pondría los deberes escolares en esa lista.)

Podemos obsesionarnos tanto con concluir algo que nos cegamos a la eficacia. Sencillamente porque haya un proyecto sobre la mesa, eso no quiere decir que uno no lo puede devolver al estante. No; mi deseo no es convencerlo de que termine todo lo que comienza. Mi deseo es animarle a que termine *lo que debe terminar*. Ciertas carreras son opcionales, como la de lograr músculos abdominales bien definidos y la lectura rápida. Otras carreras son esenciales, como la carrera de la fe. Considere esta admonición del autor de Hebreos: «Corramos la carrera que tenemos por delante, sin cejar nunca» (véase Hebreos 12.1).

LA CARRERA

Si hubiera habido fútbol en el Antiguo Testamento estoy seguro de que los escritores hubieran hablado de goles y tiros libres; pero no lo había, así que hablaron de correr. La palabra *carrera* procede del griego *agon*, de donde procede nuestra palabra *agonía*. La carrera del cristiano no es un trote por hacer ejercicios, sino una carrera exigente, agotadora, y algunas veces agonizante. Se requiere esfuerzo masivo para terminar con fuerza.

Lo más probable es que usted ya haya notado que muchos no la terminan así. ¿Ha observado cuántos se quedan a un lado del sendero? Solían correr. Hubo un tiempo en que se mantenían al paso. Pero se cansaron. No pensaron que la carrera sería tan ardua. Acaso se desanimaron cuando alguien se tropezó con ellos, o se intimidaron por algún otro corredor. Cualquiera que haya sido la razón, ya no corren. Pueden ser cristianos. Tal vez asistan a la iglesia. Tal vez depositan un peso en el plato de la ofrenda y calientan una banca, pero sus corazones no están en la carrera. Se retiraron antes de tiempo. A menos que algo cambie, su mejor obra habrá sido la primera, y la concluyeron con un quejido.

En contraste la mejor obra de Jesús es su obra final, y su paso más fuerte fue el último. Nuestro Maestro es el ejemplo clásico de uno que resistió. El escritor de Hebreos pasa a decir que Jesús perseveró a pesar de «que sufrió tal contradicción de pecadores contra sí mismo». La frase implica que Jesús podría haber cedido. El corredor podía haberse dado por vencido, haber tomado asiento o irse a casa. Podía haber abandonado la carrera. Pero no la abandonó. Perseveró a pesar de que los malos le estaban haciendo mal.

LA RESISTENCIA

¿Ha pensado usted en las cosas malas que le hicieron a Cristo? ¿Puede usted pensar en las ocasiones en que Jesús podía haberse dado por vencido? ¿Qué tal en la tentación? Usted y yo sabemos lo que es soportar un momento de tentación o una hora de tentación, e incluso un día de tentación. Pero, *¿cuarenta* días? Eso fue lo que Jesús enfrentó. «Jesús, lleno del Espíritu Santo, volvió del Jordán, y fue llevado por el Espíritu al desierto por cuarenta días, y era tentado por el diablo» (Lucas 4.1-2).

Podemos imaginarnos la tentación en el desierto como tres eventos aislados en un lapso de cuarenta días. Ojalá hubiera sido así. En realidad la tentación de Jesús fue incesante; «el diablo tentó a Jesús por cuarenta días». Satanás atrapó a Jesús como una camisa y no quería soltarlo. A cada paso le susurraba al oído. En cada recodo del sendero le sembraba duda. ¿Sufrió Jesús el impacto del diablo? Evidentemente que sí. Lucas no dice que Satanás *trató* de tentar a Jesús. El versículo no dice que el diablo *intentó* tentar a Jesús. El pasaje es claro: «el diablo *tentó* a Jesús». Jesús fue *tentado*, fue *probado*. ¿Tentado a cambiar de lados? ¿Tentado a irse a casa? ¿Tentado a conformarse con un reino en la tierra? No lo sé, pero sí sé que fue tentado. Una guerra rugía en su interior. La tensión atacaba por fuera. Puesto que fue tentado, podía haber abandonado la carrera. Pero no lo hizo. Siguió corriendo.

La tentación no lo detuvo, ni tampoco las acusaciones. ¿Puede imaginarse lo que sería correr una carrera y que lo critiquen los espectadores?

Hace algunos años participé en una carrera de cinco kilómetros. Nada serio; simplemente un trote por el barrio para levantar fondos para una obra de beneficencia. No siendo el más sabio de los corredores, arranqué a un paso imposible. En menos de un kilómetro ya me estaba faltando el aire. Algunos espectadores me animaban con simpatía a que siguiera. Una señora compasiva me extendió un vaso de agua, otra me roció con una manguera. Nunca había visto a esas personas, pero eso no importaba. Necesitaba una voz de aliento, y me la dieron. Animado por su estímulo, seguí corriendo.

¿Qué tal si en los momentos más duros de la carrera hubiera oído voces de acusación y no de estímulo? Y ¿qué tal si las acusaciones no procedieran de extraños que yo pudiera descartar sino de mis propios vecinos y familiares?

¿Le gustaría que alguien le gritara estas palabras mientras corre?

«¡Oye, mentiroso! ¿Por qué no haces algo honrado con tu vida» (véase Juan 7.12).

«Aquí viene el extranjero. ¿Por qué no te vas al lugar de donde viniste?» (véase Juan 8.48).

«¿Desde cuándo dejan a los hijos del diablo correr en esta competencia?» (véase Juan 8.48).

Eso fue lo que le ocurrió a Jesús. Su propia familia le tildó de lunático. Sus vecinos incluso lo trataron peor. Cuando Jesús regresó a su población natal trataron de despeñarlo por un precipicio (Lucas 4.29). Pero Jesús no dejó de correr. Las tentaciones no lo detuvieron. Las acusaciones no lo derrotaron, ni tampoco la vergüenza lo descorazonó.

Le invito a pensar con cuidado en la prueba suprema que Jesús enfrentó en la carrera. Hebreos 12.2 ofrece esta afirmación que intriga: «[Jesús] menospreció el oprobio». Otra traducción dice que aceptó la vergüenza como si fuera nada.

La vergüenza es un sentimiento de desgracia, bochorno y humillación. Discúlpeme por atizar sus recuerdos, pero, ¿no tiene usted un momento vergonzoso en su historia? ¿Puede imaginarse el horror que sentiría si todo mundo lo supiera? ¿Qué tal si una cinta de video de ese evento fuera presentada frente a su familia y amigos? ¿Cómo se sentiría?

Así fue exactamente como Jesús se sintió. *¿Por qué?* preguntará usted. *Él nunca hizo nada vergonzoso*. No; pero nosotros sí. Y puesto que en la cruz Dios le hizo pecado (2 Corintios 5.21), Jesús quedó cubierto de vergüenza. Fue avergonzado ante su familia. Totalmente desnudo delante de su propia madre y seres queridos. Avergonzado ante sus compatriotas. Obligado a cargar una cruz hasta que el peso le hizo tropezar. Avergonzado ante su iglesia. Los pastores y ancianos de sus días se mofaron de Él, insultándole. Avergonzado ante la ciudad de Jerusalén. Condenado a morir la muerte de un criminal. Lo más probable es que los padres le señalaban con el dedo a la distancia, y les decían a sus hijos: «Eso es lo que les pasa a los malos».

Pero la vergüenza ante los hombres no se comparó con la vergüenza que Jesús sintió ante su Padre. Nuestra vergüenza individual parece demasiada para soportarla. ¿Puede imaginarse la vergüenza colectiva de toda la humanidad? Una oleada de vergüenza sobre otra cayó sobre Jesús. Aun cuando jamás engañó, fue declarado convicto como un engañador. Aun cuando nunca robó nada, el cielo lo consideró ladrón. Aun cuando nunca mintió, se le consideró un mentiroso. Aun cuando nunca le dio cabida a la lujuria, llevó la vergüenza del adúltero. Aun cuando siempre creyó, soportó la desgracia del incrédulo.

Tales palabras levantan una pregunta urgente: ¿Cómo? ¿Cómo soportó tal desgracia? ¿Qué le dio a Jesús la fortaleza para soportar la vergüenza de todo el mundo? Necesitamos una respuesta, ¿verdad? Como Jesús, somos tentados. Como Jesús, se nos acusa. Como Jesús, se nos avergüenza. Pero a diferencia de Jesús, nos damos por vencidos. Nos rendimos. Nos sentamos. ¿Cómo podemos seguir corriendo como Jesús lo hizo? ¿Cómo pueden nuestros corazones tener la resistencia que Jesús tuvo?

Enfocando lo que Jesús enfocó: «el gozo puesto delante de Él» (Hebreos 12.2).

LA RECOMPENSA

Este versículo bien podría ser el más grande testimonio jamás escrito respecto a la gloria del cielo. Nada se dice de calles de oro ni de alas de ángeles. No se hace referencia a festejos ni a música. Incluso la palabra *cielo* está ausente en este versículo. Pero aun cuando la palabra falta, el poder no.

Recuerde, el cielo no era extraño para Jesús. Él es la única persona que vivió en la tierra *después* de haber vivido en el cielo. Como creyentes usted y yo viviremos en el cielo después de nuestro tiempo en la tierra, pero Jesús hizo exactamente lo opuesto. Conocía el cielo antes de venir a la tierra. Sabía lo que le esperaba a su regreso. El saber lo que le esperaba en el cielo le permitió soportar la vergüenza en la tierra.

Aceptó la vergüenza como si nada debido al gozo que Dios puso delante de Él (véase de nuevo Hebreos 12.2). En sus momentos finales Jesús enfocó su vista en el gozo que Dios puso delante de Él. Enfocó el premio del cielo. Al enfocar la vista en el premio, pudo no solo terminar la carrera, sino terminarla con fuerza.

Estoy haciendo todo lo posible por hacer lo mismo. En una odisea mucho menos significativa, yo también estoy procurando terminar con fuerza. Usted está leyendo el penúltimo capítulo de este libro. Por más de un año he vivido estas páginas: elaborando pensamientos, puliendo párrafos, buscando el mejor verbo, y escarbando por conclusiones más fuertes. Ahora, el fin está a la vista.

Escribir un libro es como correr una carrera de distancia. Hay el estallido inicial de entusiasmo. Luego la energía se reduce. Usted piensa seriamente en abandonarlo todo, pero entonces un capítulo le sorprende con una cuesta abajo. Ocasionalmente una idea le inspira. A menudo un capítulo lo agota; y eso para no mencionar las interminables revisiones exigidas por los implacables editores. Pero la mayoría del trabajo tiene el ritmo de una carrera de larga distancia: larga, algunas veces en tramos solitarios a ritmo constante.

Hacia el final, con la línea de llegada y el contentamiento de los editores a la vista, llega un adormecimiento de los sentidos. Usted quiere terminar con fuerza. Busca la intensidad que tenía meses atrás, pero la provisión es escasa. Las palabras se nublan, las ilustraciones se juntan, y la mente se adormece. Usted necesita un puntapié, necesita un impulso, necesita inspiración.

¿Puedo decirle dónde la hallo? (Esto le va a sonar raro, pero tenga paciencia.) A través de años durante los cuales he escrito por lo menos un libro al año, he desarrollado un ritual. Al terminar un proyecto disfruto de un ritual de celebración. No uso champaña ni reparto puros, pero he hallado algo mucho más dulce. Tiene dos fases.

La primera es un momento de quietud ante Dios. El momento en que el manuscrito está en el correo, busco un lugar solitario y me detengo. No digo mucho y, por lo menos hasta aquí, tampoco Dios. El propósito no es hablar tanto como disfrutar. Disfrutar de la dulce satisfacción de una tarea concluida. ¿Existe un mejor sentimiento? El corredor siente la cinta contra su pecho. Ha terminado. Qué dulce el vino al final de la jornada. Así que por unos pocos momentos Dios y yo lo saboreamos juntos. Colocamos una bandera sobre el pico del Everest y disfrutamos del paisaje.

Entonces (esto le va a sonar verdaderamente ordinario), me voy a comer. Tengo la tendencia a saltarme comidas durante la recta final, así que tengo hambre. Un año fue en un restaurante mexicano junto al río San Antonio. Otro año fue servicio a la habitación y un juego de baloncesto. El año pasado fui a comer pescado en un café. Algunas veces Denalyn me acompaña; otras veces me voy a comer solo. El alimento puede variar, y la compañía puede cambiar, pero una regla sigue constante. En toda la comida no me permito pensar sino en una sola cosa. *He terminado*. No me permito hacer planes para el futuro. No permito la consideración de las tareas de mañana. Me sumerjo en un mundo de fantasía y pretendo que la mejor obra de mi vida ha quedado completa.

Durante esa comida, en una manera diminuta, comprendo en donde Jesús halló su fuerza. Él alzó sus ojos más allá del horizonte y vio la mesa. Enfocó el banquete. Lo que vio le dio fuerza para terminar, y terminar con fuerza.

Tales momentos nos aguardan. En un mundo ajeno a los músculos abdominales y la lectura rápida tomaremos nuestro lugar a la mesa. En una hora que no tiene fin descansaremos. Rodeados de santos y de Jesús mismo, el trabajo, a la verdad, habrá concluido. La cosecha final será recogida, nos sentaremos, y Cristo bendecirá la comida con estas palabras: «Bien, buen siervo y fiel» (Mateo 25.23).

Y en ese momento, la carrera bien habrá valido la pena.

También pido que les sean iluminados los ojos del corazón para que conozcan la esperanza a la que Él los ha llamado, la riqueza de su gloriosa herencia en los santos.

EFESIOS 1.18 (NVI)

CONCLUSIÓN

PONGA SUS OJOS EN CRISTO

Hay veces cuando vemos. Y hay veces cuando *vemos*. Permítame mostrarle lo que quiero decir:

Todo cambia la mañana en que usted ve el letrero «se vende» en el bote de su vecino. Su bote de lujo. Es el bote de pesca que usted ha codiciado durante los tres años pasados. De súbito nada más importa. Una atracción gravitacional atrae su vehículo hacia la vereda. Usted lanza un suspiro como si su sueño reluciera al sol. Le pasa los dedos y apenas roza el borde, y hace una pausa solo para limpiarse la saliva que le corre y cae por la camisa. Al contemplarlo, usted se transporta mentalmente al lago Tamapwantee, y es como si existieran solo usted, las aguas cristalinas y su bote de lujo.

O tal vez el siguiente párrafo le describe mejor:

Todo cambia el día en que lo ve entrar en su clase de inglés. Pavonéandose lo suficiente como para causar buena impresión. Suficientemente listo como para tener clase. No camina demasiado rápido como para parecer nervioso, ni tampoco tan lento como para darse ínfulas. Usted lo ha visto antes, pero solo en sueños. Ahora está realmente allí, y no puede quitarle la vista de encima. Cuando la clase se acaba usted ha memorizado cada rizo y cada pestaña. Cuando se acaba el día, usted ha resuelto que será suyo.

Hay ocasiones cuando vemos. Y hay ocasiones cuando *vemos*. Hay veces cuando observamos, y hay ocasiones cuando memorizamos.

Hay veces cuando notamos, y hay veces cuando estudiamos. La mayoría sabemos lo que quiere decir ver un nuevo bote o un nuevo joven... pero ¿sabemos lo que sería ver a Jesús? ¿Sabemos lo que sería poner «los ojos en Jesús»? (Hebreos 12.2).

Hemos pasado los últimos doce capítulos mirando a lo que sería ser como Jesús. El mundo nunca ha conocido un corazón tan puro, ni un carácter tan impecable. Su oído espiritual es tan agudo que nunca ha perdido un susurro celestial. Su misericordia es tan abundante que nunca ha perdido una oportunidad para perdonar. Ninguna mentira salió de sus labios, ni ninguna distracción enturbió su visión. Tocó cuando otros se retrajeron. Perseveró cuando otros se rindieron. Jesús es el modelo máximo para toda persona. Lo que hemos hecho en estas páginas es precisamente lo que Dios le invita a hacer por el resto de su vida. Le insta a que ponga sus ojos en Jesús. El cielo le invita a que fije el lente de su corazón en el corazón del Salvador y le haga el objeto de su vida. Por esa razón quiero que concluyamos nuestro tiempo juntos con esta pregunta: ¿Qué quiere decir *ver* a Jesús?

Los pastores pueden decírnoslo. Para ellos no fue suficiente ver a los ángeles. Usted pensaría que debían haberlo estado. El cielo nocturno se llenó de luz. La quietud prorrumpió en canto. Los humildes pastores se despertaron y se pusieron de pie al coro de ángeles: «¡Gloria a Dios en las alturas!» Estos hombres jamás habían visto tal esplendor.

Pero no fue suficiente ver ángeles. Los pastores querían ver al que había enviado a los ángeles. Puesto que no se darían por satisfechos sino hasta verlo, usted puede rastrear la larga hilera de los que buscan a Jesús hasta el pastor que dijo: «Pasemos, pues, hasta Belén, y *veamos*» (Lucas 2.15, cursivas añadidas).

No muy atrás de los pastores había un hombre llamado Simeón. Lucas nos dice que Simeón era un hombre bueno que servía en el templo al tiempo del nacimiento de Jesús. Lucas también nos dice: «Y le había sido revelado por el Espíritu Santo, que no vería la muerte antes que viese al Ungido del Señor» (Lucas 2.26). Esta profecía se cumplió apenas pocos días después de que los pastores vieron a Jesús. De alguna manera Simeón supo que el bulto envuelto en frazadas que vio en los brazos de María era el Dios Todopoderoso. Para Simeón ver a Jesús fue suficiente. Ahora estaba listo para morir. Algunos no quieren morir sin haber visto el mundo. El sueño de Simeón no era tan tímido. No quería morir sin haber visto al que hizo al mundo. Tenía que ver a Jesús.

Oró: «Ahora, Señor, despides a tu siervo en paz, conforme a tu palabra; porque han visto *mis ojos* tu salvación» (Lucas 2.29-30, cursivas añadidas).

Los magos tenían el mismo deseo. Como Simeón, querían ver a Jesús. Como los pastores, no quedaron satisfechos con lo que vieron en el cielo nocturno. No es que la estrella no haya sido espectacular. No es que la estrella no haya sido histórica. Ser testigo del orbe centelleante era un privilegio, pero para los magos no fue suficiente. No fue suficiente ver la luz sobre Belén; tenían que ver la Luz de Belén. Fue a Él al que fueron a ver.

¡Y triunfaron! Todos triunfaron. Más impresionante que su diligencia fue la disposición de Jesús. ¡Jesús quería que lo vieran! Sea que vinieran del potrero o del palacio, sea que vivieran en el templo o entre las ovejas, sea que su regalo fuera oro o la sincera sorpresa ... a todos les dio la bienvenida. Busque algún ejemplo de alguna persona que anhelaba ver al infante Jesús y que se le impidió. No lo encontrará.

Encontrará ejemplos de los que no lo buscaron. Aquellos, como el rey Herodes, que se contentaban con menos. Aquellos, como los líderes religiosos que preferían leer sobre Él antes que verlo. La proporción entre los que no lo vieron y los que lo buscaron es de mil a uno. Pero la proporción entre los que lo buscaron y los que le hallaron siempre fue de uno a uno. *Todos los que lo buscaron lo hallaron*. Mucho antes de que se escribieran las palabras, la promesa fue ratificada: «Dios ... es galardonador de los que le buscan» (Hebreos 11.6).

Los ejemplos continúan. Considere a Juan y a Andrés. Ellos, también, fueron recompensados. Para ellos no fue suficiente escuchar a Juan el Bautista. La mayoría se hubiera contentado con servir a la sombra del evangelista más famoso del mundo. ¿Podría haber un mejor maestro? Solo uno. Y cuando Juan y Andrés lo vieron, dejaron a Juan el Bautista y siguieron a Jesús. Note la petición que hicieron.

«Rabí», le preguntaron, «¿dónde moras?» (Juan 1.38). Petición audaz. No le pidieron a Jesús que les diera un minuto, o una opinión, o un mensaje, o un milagro. Le preguntaron su dirección domiciliaria. Querían quedarse con Él. Querían conocerle. *Querían saber qué le hacía volver la cabeza, y que su corazón ardiera y que su alma suspirara.* Querían estudiar sus ojos y seguir sus pasos. Querían verle. Querían saber qué le hacía reír y si alguna vez se cansaba. Pero, sobre todo, querían saber: *¿Era Jesús todo lo que Juan dijo que era; y si lo era, qué estaba haciendo Dios en la tierra?* No se puede encontrar respuesta a esa pregunta hablando con el primo; hay que hablar con la persona misma.

¿La respuesta de Jesús a los discípulos? «Venid y ved» (v. 39). No les dijo: «Vengan y echen un vistazo», ni tampoco «vengan y atisben». Les dijo: «Vengan y vean». Traigan sus bifocales y binoculares. Este no es el momento para echar vistazos de reojo o atisbos ocasionales. «Fijemos la mirada en Jesús, el autor y perfeccionador de nuestra fe» (Hebreos 12.2, NVI).

El pescador fija sus ojos en el bote. La joven fija sus ojos en el joven. Los discípulos fijan sus ojos en el Salvador.

Eso fue lo que Mateo hizo. Mateo, si usted recuerda, se convirtió en su trabajo. Según su historial, era un recaudador de impuestos del gobierno. Según sus vecinos, era un pillo. Tenía en una esquina una oficina de recolección de impuestos y una mano extendida. Allí estaba el día en que vio a Jesús. «Sígueme» le dijo el Maestro, y Mateo lo hizo. En el versículo que sigue encontramos a Jesús sentado a la mesa de Mateo cenando (véase Mateo 9.10).

Una conversación en la vereda no hubiera satisfecho su corazón, así que Mateo llevó a Jesús a su casa. Algo ocurre en la mesa de la cena que no ocurre en el escritorio en la oficina. Sáquese la corbata, encienda el asador, destape los refrescos, y pase la noche con el que colgó las estrellas en su sitio. «¿Sabes, Jesús? Discúlpame por preguntarte esto, pero siempre quise saber...»

De nuevo, aun cuando el hecho de extender la invitación es impresionante, la aceptación lo es mucho más. A Jesús no le importaba que Mateo fuera ladrón. A Jesús no le importaba que Mateo viviera en una casa de dos pisos con las ganancias de su extorsión. Lo que le importó fue que Mateo quería conocer a Jesús, y puesto que Dios «es galardonador de los que le buscan» (Hebreos 11.6), Mateo fue recompensado con la presencia de Cristo en su casa.

Por supuesto, tiene sentido que Jesús pasara tiempo con Mateo. Después de todo Mateo fue una selección de primera clase, perfecto para escribir el primer libro del Nuevo Testamento. Jesús pasa el tiempo solo con tipos grandes como Mateo y Andrés y Juan, ¿verdad?

¿Puedo contrarrestar esa opinión con un ejemplo? Zaqueo distaba mucho de ser un tipo grande. Era pequeño, tan pequeño que no podía ver por encima de la muchedumbre que llenaba la calle el día en que Jesús llegó a Jericó. Por supuesto que la multitud tal vez le hubiera abierto paso a sus codazos para dejarle llegar al frente, excepto que él, como Mateo, era un cobrador de impuestos. Pero él, como Mateo, tenía en su corazón hambre por ver a Jesús.

No fue suficiente quedarse detrás de la muchedumbre. No fue suficiente atisbar con un telescopio de cartón. No fue suficiente oír a alguna otra persona describir el desfile del Mesías. Zaqueo quería ver a Jesús con sus propios ojos.

Así que se subió a un árbol. Vestido con un lujoso traje de tres piezas y zapatos italianos de calidad, se encaramó a un árbol esperando ver a Jesús.

Me pregunto si usted estaría dispuesto a hacer lo mismo. ¿Se subiría a una rama para ver a Jesús? No todo mundo lo haría. En la misma Biblia en que leemos acerca de Zaqueo encaramándose a una rama, leemos de otro joven funcionario. A diferencia de Zaqueo, la multitud le abrió paso. Era el... ¡ejem!... *el rico*, el joven rico. Al enterarse de que Jesús estaba por allí, pidió su limusina y atravesó la ciudad y se acercó al carpintero. Por favor, note la pregunta que tenía para Jesús: «Maestro, ¿qué cosa buena debo hacer para tener vida eterna?» (Mateo 19.16, VP).

Como quien dice, este funcionario era un hombre con los pies en el suelo. No tenía tiempo para formalismo y conversaciones. «Vamos derecho al grano. Tu horario está lleno; lo mismo que el mío. Dime cómo puedo ser salvo, y te dejaré en paz».

No hay nada de malo en la pregunta, pero había un problema en su corazón. Contraste su deseo con el de Zaqueo: «¿Puedo encaramarme a ese árbol?»

O Juan y Andrés: «¿Dónde moras?»
O Mateo: «¿Puedes quedarte esta noche?»
O Simeón: «¿Puedo estar vivo hasta que lo vea?»
O los magos: «Ensillen los camellos.
No nos detendremos hasta que le veamos».
O los pastores: «Vamos ... y veamos».

¿Ve la diferencia? El joven rico quería la medicina. Los otros querían al Médico. El joven quería una respuesta a su acertijo. Ellos querían al Maestro. El joven estaba apurado. Los otros tenían todo el tiempo del mundo. Él se conformó con una taza de café por la ventana de servicio a los automóviles. Ellos no se conformarían con nada menos que una cena completa en una mesa de banquete. Ellos querían más que salvación. Querían al Salvador. Querían ver a Jesús.

Eran fervientes en su búsqueda. Una traducción de Hebreos 11.6 dice: «Dios recompensa a los que le buscan *fervientemente*».

Otra dice: «Dios ... recompensa a los que *le buscan sinceramente*» (cursivas añadidas).

La versión Reina Valera de 1960 dice: «Dios ... es galardonador de los que le buscan».

Diligentemente es una gran expresión. Sea diligente en su búsqueda. Busque con hambre, incansablemente en su peregrinaje. Que este libro sea solo uno de las docenas que usted leerá sobre Jesús y que esa hora sea una de los cientos que usted usará buscándole. Aléjese de la búsqueda insulsa de posesiones y posiciones, y busque a su Rey.

No se dé por satisfecho con los ángeles. No se contente con las estrellas del cielo. Búsquele a Él así como los pastores. Búsquele con anhelo así como Simeón. Adórele como los magos lo adoraron. Haga como Juan y Andrés hicieron: pídale su dirección domiciliaria. Haga como Mateo: invite a Jesús a su casa. Imite a Zaqueo: arriésguelo todo con tal de ver a Cristo.

Dios recompensa a los que *le buscan*. No a los que buscan doctrina o religión, sistema o credos. Muchos se conforman con estas pasiones menores, pero la recompensa es para los que no se conforman con nada menos que el mismo Jesús. ¿Cuál es la recompensa? ¿Qué les espera a los que buscan a Jesús? Nada menos que el corazón de Jesús. «Vamos transformándonos en su imagen misma, porque cada vez tenemos más de su gloria, y esto por la acción del Señor, que es el Espíritu» (2 Corintios 3.18, VP).

¿Puede pensar en un obsequio más grandioso que ser como Jesús? Cristo no sentía culpabilidad; Dios quiere extinguirla en usted. Jesús no tenía malos hábitos; Dios quiere quitarle los suyos. Jesús no tenía miedo a la muerte; Dios quiere que usted no tenga miedo. Jesús tenía bondad por los enfermos y misericordia por los rebeldes y valor para los retos. Dios quiere que usted tenga lo mismo.

Él le ama tal como es usted, pero rehúsa dejarlo así. Quiere que usted sea como Jesús.

Guía de estudio

UNO

UN CORAZÓN COMO EL SUYO

Busque el corazón de Jesús

1. ¿Qué cambiaría en su vida si Jesús realmente se hiciera usted?

   A. ¿Quién se sorprendería por su «nuevo yo»? ¿Por qué?

   B. ¿Tendría usted «cercas que reparar»? Si es así, ¿a quién le pertenecería?

2. Puesto que Dios quiere que usted tenga un corazón como el suyo («un nuevo hombre, creado según Dios», dice Efesios 4.23-24), hágase usted mismo un examen:

   A. ¿Cuál es la condición de su corazón hoy?

   B. ¿Qué ocurriría en un «examen de estrés» espiritual? ¿Diferirían los resultados, dependiendo en lo que esté ocurriendo en su vida día tras día? Explique.

   C. ¿Qué acciones específicas tendría que hacer para desarrollar un corazón como el de Jesús?

3. Dios quiere que usted sea como Él, pero le ama tal como usted es. Describa al «usted» que Dios ama.

A. ¿Cuáles son sus habilidades, talentos, capacidades, preocupaciones, intereses, manías, faltas, necesidades, deseos?

B. ¿De qué manera estas cosas serían diferentes si usted tuvieran «un corazón como el suyo»? ¿Qué partes de usted tendrían que ser «reparadas»?

4. Los pensamientos de Jesús, sus acciones y su ser entero reflejaban su íntima relación con su Padre. Como resultado, su corazón era supremamente espiritual.

A. Describa un «corazón espiritual».

B. Describa cualquier diferencia entre su corazón y el de Cristo.

5. Como Max recalca, estamos «conectados» con el poder de Dios, pero no lo suficiente como para usarlo en todo su alcance.

A. Describa su «uso de poder». ¿Cuánto de su luz usa en su trabajo? ¿En casa? ¿En su comunidad?

B. ¿Qué puede aprender al reflexionar en el corazón de Cristo?

Examine la mente de Jesús

1. Lea Filipenses 2.5-13.

A. Debemos tener la misma actitud de Cristo para «pensar y actuar como Cristo Jesús». ¿Cuán difícil es esto para usted? ¿Cuál es la dificultad? Explique.

B. ¿Cuánto esfuerzo está usted dispuesto a dar para ajustarse a las directivas de este pasaje? ¿Qué clase de esfuerzo?

C. ¿Qué necesita más atención en lo que respecta a su corazón?

2. Efesios 4.20-32 trata con algunas cosas específicas que no son propias de los cristianos que quieren vivir como «hijos de luz».

   A. ¿Qué parte de su «viejo yo» le da mayor problema?

   B. ¿Qué puede decidir hoy hacer al respecto?

3. Jesús fue sin pecado; sus palabras y acciones siempre fueron puras. Lea 1 Juan 3.1-10.

   A. ¿Cómo se siente al saber que tiene un ejemplo como este? ¿Le intimida o le reconforta? Explique.

   B. Jesús le ha dado su yo sin pecado y está esperando transformarlo en alguien semejante a Él. ¿Cómo puede usted usar este pensamiento para motivarse a llegar a ser como Él? ¿Lo motiva? Explique.

Sea las manos de Jesús

1. Escriba Colosenses 3.10 en una tarjeta y colóquela donde la pueda ver todos los días. Memorice este versículo y agradézcale a Dios por amarle lo suficiente como para cambiarlo en alguien como Él.

2. Dedique unos pocos minutos para imaginarse a usted mismo en alguna situación particularmente espinosa, una con la que por lo general usted lucha. Ahora imagínese cómo la manejaría con «un corazón como el suyo». Después ore pidiendo que Dios le capacite para manejar una situación real así como la manejó en su imaginación. La próxima vez que ocurra, escriba en un diario lo que ocurrió, y vea cómo Dios responde a sus oraciones sinceras.

DOS

Ame a las personas con las que está clavado

Un corazón que perdona

Busque el corazón de Jesús

1. Considere «la claustrofobia que resulta con el compromiso».

   A. ¿Ha experimentado usted la claustrofobia del compromiso?

   B. ¿Dónde la encuentra: con su cónyuge, con sus hijos, con sus empleados, con alguna otra persona? Explique.

   C. ¿Se ha sentido alguna vez con temor o frustrado debido a la permanencia de hacer un compromiso? Si es así, describa su reacción.

   D. Si se siente «clavado» con alguien ahora mismo (con un caso serio de «clavaditis»), ¿se siente más inclinado a salir huyendo, luchar o perdonar? Explique.

   E. ¿Cómo se sentiría si supiera que la otra persona se siente de igual manera respecto a usted? ¿Piensa que alguien se siente así? Si es así, explique.

2. Jesús pudo amar a personas a las que era difícil amar.

   A. Mencione los nombres de algunas personas a quienes usted encuentra difíciles de amar. ¿Por qué?

   B. Mencione los nombres de algunas personas a las que tal vez le sería difícil amar. ¿Por qué?

3. Jesús sabía que nadie «esperaba» que Él hiciera el trabajo del criado más vil cuando lavó los pies de los discípulos, según se describe en Juan 13. Recuerde que Él sabía plenamente que lo abandonarían en su hora de mayor necesidad; sin embargo, les sirvió con un corazón que rebosaba amor.

   A. Si el lavar pies fuera todavía una costumbre hoy, ¿estaría usted dispuesto a servir de esa manera a alguna de las personas que mencionó en las preguntas 1 y 2 arriba? Explique.

   B. Piense en alguien que «le lavó sus pies» cuando usted no se lo merecía. ¿Cuáles fueron las circunstancias?

4. Al dejar de mirar a la «persona problema» y dirigir su mirada a Jesús, ¿qué ocurre con su capacidad para perdonar a la persona?

   A. Mencione los pecados por los cuales Cristo ha tenido que perdonarle solo este día. ¿Es alguno de ellos «repetición»? Explique.

   B. Dándose cuenta de toda la tarea de limpieza que Jesús ha tenido que hacer en usted, ¿cuán dispuesto está usted para hacer lo mismo con otros? ¿Cómo responde a los que continua y repetidamente le causan los mismos problemas?

5. Max nos recuerda que había solo un hombre en la Cena Pascual digno de que le lavaran los pies, y fue Él mismo quien lavó los pies. El que debía haber sido servido se hizo siervo.

A. Mencione varias relaciones que usted podría mejorar al lavar inesperadamente algunos pies.

B. ¿Cómo podría «lavar los pies» de alguien? ¿Cómo piensa usted que sería recibida la acción? Explique.

C. ¿Se sienta con usted a la mesa alguna de las personas involucradas? Si es así, ¿es más fácil o más difícil lavar los pies? ¿Por qué?

Examine la mente de Jesús

1. Medite sobre Colosenses 3.12-17.

   A. Escriba nombres de personas en el lugar apropiado de este pasaje: «Soportando a ________________ y perdonando a ___________ si alguno tuviere queja contra esa persona».

   B. Ahora repita este ejercicio, pidiéndole a Dios que ayude a alguien a soportarlo a usted.

2. Póngase usted mismo en la escena descrita en Juan 13.1-17.

   A. Usted está sentado allí, esperando. Y sigue esperando. ¿Dónde está ese criado holgazán? Entonces su Maestro, de entre todos, se levanta para hacer el trabajo. ¿Cómo se siente usted, viéndole trabajar? ¿Qué piensa usted?

   B. Si usted estuviera en esta escena, y supiera lo que Judas está a punto de hacer, ¿le lavaría usted los pies así como Jesús lo hizo? Explique.

3. Efesios 4.32 dice: «Antes sed benignos unos con otros, misericordiosos [o compasivos], perdonándoos unos a otros, como Dios también os perdonó a vosotros en Cristo». Lea también el versículo que sigue (Efesios 5.1).

A. ¿Cuánto se ensució Dios cuando se agachó para limpiarlo a usted? ¿Cuánto está usted dispuesto a ensuciarse para ser un «imitador de Dios»?

B. Efesios 5.2 continúa: «Y andad en amor, como también Cristo nos amó, y se entregó a sí mismo por nosotros, ofrenda y sacrificio a Dios en olor fragante». Con la ayuda de Dios, ¿qué cambios necesita hacer para que su vida sea un sacrificio a Dios en olor fragante? Explique.

C. ¿Hay un Judas en su vida? ¿Puede usted hacer por él lo que Jesús hizo por su Judas?

Sea las manos de Jesús

1. Agradezca a Dios por su misericordia y perdón diarios. Exprésele su gratitud por su gracia ilimitada. Medite sobre la verdad bíblica de que Él no se acuerda más de sus pecados, sino que los pone «tan lejos como está el oriente del occidente».

2. La esposa cuya historia se relata al final de este capítulo y que fue ofendida por el esposo, fue misericordiosa con él. Le perdonó y estuvo dispuesta a dejar a un lado su herida. Dijo: «Sigamos adelante». Piense en alguna persona que le ha lastimado. Decida hoy empezar el mismo proceso. Pida a Dios que le ayude a lavar con amor los pies de esa persona, y a olvidar deliberadamente la ofensa. Pase tiempo orando por esa persona y por la situación. Pídale a Dios que le ayude a saber cómo perdonar la ofensa y amar a la persona así como Jesús la ama.

TRES

El toque de Dios

Un corazón compasivo

Busque el corazón de Jesús

1. Recuerde algunos momentos cuando «las propias manos de Dios» le ministraron. ¿Cómo le hizo esto sentirse?

2. ¿Piensa usted que tiene «manos del cielo»? Eplique. ¿Suele buscar oportunidades para atender a otros con esas manos?

3. ¿Alguna vez en su vida ha puesto a alguien en «cuarentena»?

   A. Si es así, ¿cuál fue la situación? ¿Por qué excluyó a esa persona?

   B. ¿Qué le haría incluirla de nuevo?

4. Aun cuando las palabras de Jesús sanaron al leproso, Max recalca que solo el toque amoroso de Jesús hizo desaparecer la soledad del hombre.

   A. Describa algunos períodos en su vida cuando no se dijeron palabras, pero un toque lo dijo todo.

   B. ¿Es hablar del «toque divino» más fácil que en efecto tocar? Explique.

C. ¿Halla usted fácil o difícil recibir un toque así? ¿Por qué?

5. Haga una lista de las formas de «tocar» a alguien emocionalmente sin tocarlo físicamente. (Este es un comienzo: cartas, visitas, etc.)

Examine la mente de Jesús

1. Lea de nuevo la historia del leproso sanado en Mateo 8.1-4. Lea también Marcos 1.40-45 y Lucas 5.12-16. Los tres escritores mencionan el toque de Jesús, al igual que sus palabras sanadoras.

   A. En su opinión, ¿por qué Jesús pensaba que fue importante tocar físicamente al hombre?

   B. ¿Quedaría la historia disminuida sin el toque? Explique.

2. El relato de Marcos indica que el leproso limpiado, aun cuando le fue advertido de que no lo dijera a nadie, en lugar de eso salió y empezó a publicarlo por todas partes.

   A. ¿Por qué le ordenó Jesús al hombre que guardara silencio?

   B. ¿Qué ocurrió cuando el hombre lo publicó?

   C. ¿Hubiera usted podido guardar silencio si algo tan maravilloso le hubiera ocurrido? Explique.

3. Colosenses 3.12 dice: «Vestíos ... de entrañable misericordia, de benignidad». Vestirse es una acción deliberada; lo hacemos intencionalmente y nunca «simplemente pasa». Pero al hacerlo todos los días, se vuelve un acto natural.

   A. Piense en alguien que tenga espíritu compasivo. ¿Cómo se expresa ese espíritu por medio de sus acciones, de la forma de hablar, de su expresión?

B. Con la ayuda del Señor, ¿cómo podría usted esforzarse mejor para mostrar compasión?

Sea las manos de Jesús

1. Pase algunos minutos agradeciendo al Señor por los que se han dado tiempo para mostrarle compasión o bondad cuando usted más lo necesitaba. Mencione sus nombres ante el Señor. Después, dígales personalmente, por medio de una nota o por teléfono, lo que su ministerio significó para usted.
2. Pídale a Dios que le muestre a alguien que necesita ese «toque divino» especial. Lo más probable es que usted ya sabe quién es. Si percibe alguna resistencia de su parte (¡No él o ella! ¡No yo; yo no puedo!), pídale al Señor que haga suyas las manos de usted y ríndaselas. Después siga según Él le guía.

CUATRO

Oiga la música divina

Un corazón que escucha

Busque el corazón de Jesús

1. Las Escrituras nos recuerdan con frecuencia que no es suficiente tener oído: debemos usarlo. El problema es que no lo usamos con frecuencia.

A. Debemos «escuchar como ovejas» que siguen la voz bien conocida de su amo. ¿Cómo trata usted de oír la voz de Dios regularmente?

B. ¿Cómo puede usted familiarizarse con el Maestro de modo que pueda distinguir de inmediato la «voz del extraño»? ¿Cómo puede reconocer las enseñanzas falsas al oírlas?

2. Jesús hizo un hábito el orar. Max dice que Cristo «dejaba libre su calendario» para hablar con su Padre.

A. Describa su propia vida de oración. ¿Pasa algún día sin que usted se dé cuenta de que ha descuidado por completo este privilegio? ¿Cómo pasaron esos días?

B. ¿Qué ocurriría en las relaciones en su matrimonio/familia/amistades/trabajo si su comunicación con esas personas fuera la misma que entre usted y su Salvador?

3. Jesús conocía íntimamente las Escrituras.

A. Cristo conocía la Biblia y sabía cómo usarla. ¿Cómo va su memorización de la Biblia?

B. ¿Cuán fácil le es encontrar un versículo específico?

C. ¿Comprende usted la mayor parte de las Escrituras lo suficiente como para aplicarlas eficazmente? Explique.

D. ¿Cuán bueno es usted para explicar a otros las Escrituras. Especialmente a los que todavía no conocen a Cristo?

4. Si queremos ser como Jesús, tenemos que dejar que Dios nos tenga.

A. ¿Quiere usted realmente que lo «tengan»? Explique.

B. ¿Cómo puede entregarle su vida entera, todo su ser? Sea específico.

C. ¿Cuál es la mejor hora para pasar el tiempo necesario escuchando al Señor en el estudio de la Biblia y la oración, hasta recibir su lección para cada día? ¿Aprovecha usted esa hora?

5. La Biblia dice que somos dignos debido a lo que Cristo hizo por nosotros; nosotros no hicimos nada para merecer una posición tan elevada. Debido a esto Él quiere que le abramos completamente nuestro corazón.

A. ¿Cómo reacciona usted a ese afecto tan inmerecido? ¿Por qué?

B. ¿Qué ocurre entre usted y Dios cuando le abre su corazón?

Examine la mente de Jesús

1. Lea la parábola del sembrador, en Marcos 4.1-20.

A. Examínese usted mismo: ¿Cuál semilla lo describe mejor a usted? ¿Por qué?

B. ¿Qué clase de cambios serían necesarios para que usted fuera la semilla sembrada en buen terreno, produciendo una cosecha de ciento por uno?

2. Juan 10.1-18 describe la relación entre un pastor y sus ovejas, así como la del Señor y su pueblo. El pasaje dice que las ovejas «huirán» de los extraños porque no los reconocen. Están tan en afinidad con su Maestro que no quieren otro, y el Maestro ama tanto a sus ovejas que morirá por ellas.

A. ¿Qué beneficios reciben las ovejas al estar cerca de su Maestro?

B. ¿Qué peligros les amenazan si se alejan?

C. ¿Piensa usted que las ovejas se afanan por su «valía»? Explique.

D. ¿Qué paralelos puede usted derivar entre las ovejas y las personas?

3. Si queremos ser como Jesús debemos observar un tiempo regular para hablar con Dios y escuchar su Palabra.

A. Romanos 12 contiene una lista de «cosas para hacer» para los que desean vivir en armonía con el Señor y con otros. ¿Por qué debemos hacer estas cosas? ¿Cómo debemos hacerlas?

B. ¿Cómo puede usted hacer que sus momentos de oración sean de adoración?

C. Defina la frase «ser fiel en la oración».

D. ¿Es posible ser fiel en la oración sin pasar tiempo en la Palabra? Explique.

Sea las manos de Jesús

1. Como vivimos en la era de la comunicación, nos vemos inundados con tanta información que podemos sentirnos sobrecargados. Los periódicos, las revistas, la televisión y la internet reclaman a gritos nuestra atención. Desafíese usted mismo esta semana para pasar tantas horas leyendo la Biblia como las pasa leyendo el periódico y viendo la televisión. Después, anote la diferencia que eso hace en su vida.

2. Si no ha comenzado todavía, empiece a llevar un diario de su peregrinaje con el Señor. Cada mes anote los pasajes que ha estudiado y la cantidad de tiempo que pasa con Él en oración así como los resultados. Anote los cambios positivos que usted halla en su relación con el Señor tanto como con otros.

CINCO

DÉJESE GUIAR POR UNA MANO INVISIBLE

Un corazón embriagado de Dios

Busque el corazón de Jesús

1. Siempre estamos en la presencia de Dios.

   A. La declaración que antecede, ¿le consuela o le fastidia? ¿Por qué?

   B. ¿Qué significa para usted la presencia continua de Dios al realizar sus actividades diarias?

2. Dios quiere que disfrutemos de la misma intimidad con Él como la tenía con su Hijo.

   A. ¿Le gusta la intimidad o prefiere quedarse un poco separado, manteniendo su «espacio»? Explique.

   B. ¿Cómo trata de mantener partes de usted ocultas de los otros? ¿Qué le gustaría mantener oculto de Dios?

3. Dios nunca está lejos de nosotros.

   A. ¿Se ha sentido usted bien cerca de Dios, especialmente los domingos por la mañana, pero a kilómetros de distancia el martes por la tarde? Si es así, describa la experiencia. En su opinión, ¿por qué ocurre esto?

B. Dios está absolutamente comprometido con nosotros y nos provee de un modelo. ¿Cuál es su nivel de compromiso: con su cónyuge, sus hijos, su iglesia, etc.? ¿Se sienten ellos seguros de que usted nunca los dejará y que siempre estará a su lado? ¿Cómo les ha dejado saber de este compromiso?

4. En el «matrimonio del cristiano con Jesús» la comunicación nunca cesa.

A. Cuando usted habla con Dios, ¿qué menciona primero? ¿Le alaba y le da honor regularmente antes de la letanía de peticiones? Si no, ¿por qué?

B. ¿Cuánto tiempo duraría una amistad si la única comunicación entre dos personas fuera pedir favores? ¿Anhelaría usted algo más, desearía algo más profundo? Explique.

C. ¿Es Dios la primera persona con la que habla cuando algo grandioso le ocurre? ¿Es Él la última persona cuando tiene problemas? Explique.

5. Considere todo momento de su vida un momento potencial para tener comunión con Dios.

A. ¿Conoce usted a alguien, aparte de Dios, que realmente le gustaría oír de usted de tiempo en tiempo?

B. ¿Cómo queda afectado su sentido de valía al saber que Dios nunca lo dejará? ¿Cambia esto su adoración a Él?

Examine la mente de Jesús

1. Primera de Corintios 6.1 llama a los creyentes «colaboradores de Dios».

A. ¿Qué ocurriría en su ética diaria en el trabajo si realmente creyera que está trabajando lado a lado del Dios único y verdadero?

¿Trabajaría usted más duro? ¿Haría lo mejor posible en todo con Dios en la próxima conversación? Explique.

B. ¿Debería ser su vida más fácil de manejar, sabiendo que el Todopoderoso está yendo justo a su lado? Si es así, ¿cómo?

2. Lea Juan 5.16-30.

A. Jesús dijo que el Hijo «no hacía nada por sí mismo», sino que lo que hacía el Padre lo hacía el Hijo. ¿Se puede decir lo mismo de usted? ¿Por qué? ¿Qué le hace correr adelantándose a Dios? ¿Qué aspectos de su vida trata de manejar sin la ayuda de Dios?

B. Jesús no trató de agradarse a sí mismo, sino a su Padre (v. 30). ¿A quién está usted tratando de complacer más que a nadie? ¿A su cónyuge? ¿A sus padres? ¿A los vecinos?

3. La ilustración bíblica de la vid y sus ramas en Juan 15.1-8 describe la relación que Dios desea tener con su pueblo. El quiere estar completamente conectado con nosotros.

A. ¿Cómo se compara su deseo de tener intimidad con Dios con el que tenía Frank Laubach, quien se sentía perdido si tan solo en media hora no había pensado en Él?

B. Haga una lista de maneras prácticas en que su vida cambiaría si estuviera conectado de esta manera.

C. Jesús habla de podar las ramas que llevan fruto para que así puedan llevar incluso más fruto. Describa una ocasión cuando sintió los efectos del cuchillo divino de podar. ¿Qué clase de fruto produjo después? ¿Desea usted fruto más abundante y mejor, incluso si tuviera que ser podado una vez tras otra? Explique.

Sea las manos de Jesús

1. Pídale al Señor dos versículos especiales: uno en el cual meditar mientras está despierto y uno para la noche al retirarse. Hágalo fielmente por lo menos por una semana entera. Use esos apoyalibros para empezar a dirigir su día entero hacia una vida totalmente centrada en Dios.
2. Dios ya sabe lo que usted está pensando, queriendo y haciendo. Dese cuenta de que Él quiere oírle, así que empiece a hablarle como si estuviera en el auto a su lado en la mañana, junto a usted en la fila en el banco, o sentado en el escritorio de al lado. No le interesan frases floreadas ni palabras que suenen piadosas; solo lo quiere a usted.

SEIS

UNA CARA CAMBIADA Y UN PAR DE ALAS

Un corazón con hambre de adorar

Busque el corazón de Jesús

1. Describa una ocasión cuando conoció a alguna persona famosa o asistió a algún evento importante. ¿Compró un traje nuevo o vestido? ¿Estuvo pensando en eso con varios días de antelación?

¿Cuán importante fue la persona famosa o el evento comparado con un encuentro con Jesús?

2. ¿Cómo define usted la adoración? ¿Qué se incluye?

   A. ¿Por qué adoramos?

   B. ¿Es la adoración más importante, o menos hoy, que cuando llegó a conocer al Señor?

3. Jesús se preparó para la adoración, sin embargo nosotros con frecuencia nos portamos descuidadamente cuando se trata de encontrarnos con Dios.

   A. Piense en una mañana típica un domingo antes de salir para la iglesia. Sea franco consigo mismo. ¿Arden los temperamentos? ¿Todo mundo anda al apuro? Describa el día.

   B. ¿Qué pudiera hacer para mejorar la situación, aun cuando tenga que empezar la noche anterior? ¿Qué le impide poner en práctica estos cambios?

4. Dios cambia nuestras caras mediante la adoración.

   A. ¿Cómo podría usted pensar más conscientemente en las palabras que canta, ora y oye?

   B. ¿Qué ocurre en su cara al salir del culto y dirigirse a su semana de trabajo?

   C. ¿Sabría alguien al mirarlo el martes que usted ha estado con el Maestro el domingo? ¿Cómo?

5. Dios cambia a los que nos observan adorar.

   A. ¿Qué aspectos de su adoración están destinados a atraer a las personas que no conocen a Cristo?

B. ¿Con cuánta frecuencia durante el culto dedica tiempo a orar por los que no son salvos y que pudieran estar sentados a su lado?

Examine la mente de Jesús

1. Lea Mateo 17.1-9.

   A. ¿Piensa usted que los discípulos comprendieron el propósito de su excursión al monte para adorar?

   B. En su opinión ¿cómo les afectó esa experiencia? (lea 1 Pedro 1.16-18).

   C. ¿Por qué supone usted que Cristo les dijo que no se lo contaran a nadie?

2. Segunda de Corintios 3.12-18 contrasta a Moisés llevando un velo para cubrir la gloria de Dios y el privilegio del creyente de tener su cara sin velo.

   A. ¿Cómo es que algunas veces presentamos en la adoración corazones o «caras con velo»? ¿Por qué lo hacemos así?

   B. ¿Cómo puede usted «reflejar mejor la gloria de Dios» esta semana? ¿En su casa? ¿En su trabajo? ¿Con sus amigos?

3. Lea el Salmo 34 en silencio; después léalo en voz alta.

   A. ¿Cuán «grande» le parece Dios en este pasaje? ¿Qué palabras usaría usted para describir a Dios y su gloria?

   B. Lea de nuevo todo el pasaje y cuente el número de razones que hay para alabar a Dios.

   C. Ahora véase en un espejo. ¿Ve usted el reflejo de Dios? Explique.

Sea las manos de Jesús

1. Si el domingo por la mañana antes de ir para la iglesia siempre se presenta un problema en la casa, siéntese con su familia y hablen del asunto. Vea si alguna otra persona está preocupada por eso. Decida hacer los preparativos físicos y prácticos la noche anterior (busque el zapato perdido, decida qué vestido ponerse, etc.). Dedique tiempo para encontrarse con el Señor en casa antes de encontrarse con Él en la iglesia. Recuerde: ¡también lo puede encontrar mientras se dirige a la iglesia!

2. Sea que usted sea un «saludador oficial» en la iglesia, o no lo sea, considere hacerlo como su oportunidad misionera el próximo domingo. En lugar de que los visitantes se presenten a sí mismos, ponga la sonrisa de Dios en su cara, y búsquelos a propósito.

SIETE

Juegos de golf y tallos de apio

Un corazón enfocado

Busque el corazón de Jesús

1. Uno de los rasgos increíbles de Jesús fue su capacidad para mantenerse dirigiéndose al blanco.

   A. ¿Cuán apuntada al blanco está su vida? Explique

B. ¿A dónde quiere dirigirse en su vida? Mencione algunas metas específicas que tenga.

2. Nuestras vidas tienden a esparcirse.

A. ¿De que manera(s) refleja esta afirmación lo que es su vida?

B. ¿Cuáles son sus prioridades?

C. ¿Se distrae fácilmente por minucias y se olvida de las cosas grandes? Explique.

3. Dios quiere que tengamos corazones enfocados, que se dirijan al blanco, que encajen en el plan de Dios.

A. ¿Cuál es el plan de Dios respecto a usted?

B. ¿Cómo se comparan sus planes a los de Dios? Explique.

4. Cuando nos sometemos a Dios, podemos confiar en nuestros deseos.

A. Si sucediera todo lo que usted desea, ¿piensa que sería bueno para usted? Explique.

B. ¿Cómo puede consagrarse a cualquier cosa que quiera Dios para usted, incluso aun cuando pudiera diferir de lo que usted desea?

5. En Romanos 12.3 Pablo aconseja que debemos «estimar con cordura nuestras capacidades».

A. Probablemente usted ya se ha percatado de sus debilidades, pero, ¿qué tal de sus puntos fuertes?

B. ¿Cómo está usted usando esos puntos fuertes para servir y honrar a Dios? ¿Le ha agradecido por ellos?

Examine la mente de Jesús

1. Lea Marcos 10.42-45.

   A. ¿Qué clase de funcionario describe Jesús en el versículo 42?

   B. ¿Cómo debería el comportamiento de «los que quieren ser grandes» diferir de las acciones de otros?

   C. ¿Cómo piensa usted que las cosas cambiarían si Jesús hubiera escogido «ser servido» en lugar de servir?

2. Compare Marcos 10.45 con Lucas 19.10.

   A. ¿Dicen estos dos versículos lo mismo? ¿Por qué sí o por qué no?

   B. ¿Consideraría usted uno o ambos como la «declaración de misión» de Cristo? Explique.

3. Romanos 8.28 se usa con frecuencia y se ha usado mal.

   A. ¿Cómo funciona este versículo cuando nos ocurren cosas que llamamos «malas»?

   B. ¿Piensa usted que Dios «planea» las «cosas malas» o que simplemente las permite? ¿Es lo mismo?

   C. Continúe leyendo desde el versículo 28 hasta el final del capítulo. Describa cómo estos versículos se relacionan con las «cosas malas» en su vida.

4. Dios quiere usarnos para realizar su plan (lea 2 Corintios 5.17-21).

   A. ¿Qué está haciendo usted para servir como representante o embajador de Cristo?

B. ¿Qué recursos tiene para prepararse para esta tarea? ¿Cómo los está usando?

5. Dedique tiempo al Salmo 37.

A. ¿Cuánto tiempo pasa usted afanándose por los «malos»? ¿Se preocupa porque ellos no recibirán «lo que se merecen»? Explique.

B. ¿Qué dice Dios que les ocurrirá?

C. ¿Qué debería usted estar haciendo en lugar de preocuparse por la retribución?

D. Cuando su corazón se une al de Dios, ¿qué pasa con sus deseos?

Sea las manos de Jesús

1. Tanto el Salmo 139.14 así como Efesios 2.10 declaran la maravillosa obra de Dios en usted. ¿Los cree? Dedique unos pocos momentos para escribir cosas específicas respecto a usted que ilustran esta afirmación. Dedique esa cualidades al Señor y determine usarlas para Él hoy.

2. Cuando usted era pequeño alguien le preguntó: «¿Qué quieres ser cuando seas grande?» ¿Cómo contestó entonces, comparado con lo que contestaría hoy? Al crecer en el Señor, ¿qué quiere ser, hacer, para Él? Pase algún tiempo en oración y luego prepare una declaración personal de misión en la vida con la cual usted puede servir y honrar a Dios.

OCHO

NADA MÁS QUE LA VERDAD

Un corazón sincero

Busque el corazón de Jesús

1. El cristiano es un testigo.

   A. ¿Cuál es la diferencia entre un testigo en el tribunal y un testigo por Cristo?

   B. Sabemos que hay una pena por perjurio en el tribunal. ¿Hay algún castigo para el cristiano? Explique.

2. Jesús nunca mintió, ni engañó ni estiró la verdad.

   A. ¿Cómo se compara su medida con la norma de Dios en este aspecto?

   B. ¿Piensa usted que hay una diferencia entre las mentiras «regulares» y las «blancas»? Explique.

   C. Una vez que se percata que no ha sido honrado, ¿qué hace al respecto? ¿Depende del tamaño de la mentira? Explique.

3. Dios aborrece tanto la mentira como el adulterio y el asalto con alevosía.

   A. ¿Concuerda usted con este punto de vista? Explique.

B. ¿Cómo puede esforzarse por poner en práctica el código divino de honor? ¿Qué hace cuando falla?

4. Dios siempre dice la verdad. La Biblia dice que Dios «no puede mentir».

A. ¿En qué circunstancias se siente usted más tentado a mentir?

B. ¿Lo consideran otros como una persona veraz? ¿Diferiría su propia evaluación de la de ellos?

C. ¿Cómo se sentiría en cuanto a mentir un poco o evadir la verdad para no herir los sentimientos de otros?

5. Hay ocasiones cuando la verdad es difícil.

A. Mencione algunas situaciones en las cuales nos sentimos más cómodos con la mentira que con la verdad.

B. ¿Cómo es posible mentir sin usar palabras?

C. Sabemos que hay consecuencias por mentir. ¿Lo han pescado alguna vez en una mentira? ¿Qué ocurrió? ¿Cómo se sintió? ¿Qué aprendió de esas consecuencias?

Examine la mente de Jesús

1. Lea Efesios 4.17-32. Pablo amonesta a sus lectores a librarse de su forma anterior de vida y mostrar una «nueva actitud mental».

A. Puesto que los cristianos son miembros de un cuerpo, ¿es peor ser embustero con otro creyente que con el que no lo es? Explique.

B. ¿Cómo puede usted ser embustero consigo mismo?

C. ¿Concuerda usted que se debe poner la mentira en la misma categoría que la ira, el robo, el vocabulario soez, etc.? ¿Pone usted a los pecados en «niveles», considerando a algunos peores que otros? Explique.

2. Dedique tiempo al Salmo 101.

   A. ¿Qué hace cuando otro «solapadamente infama a su prójimo»?

   B. ¿Con qué clase de compañías anda usted? ¿Tolera usted a los mentirosos?

3. Tito 1.2 y 2 Timoteo 2.13 nos recuerdan que siempre podemos creerle a Dios.

   A. ¿Cómo debe afectar esta verdad nuestras vidas diarias? ¿Las afecta? Explique.

   B. ¿Cuáles de las promesas de Dios son las más preciosas para usted? ¿Por qué?

   C. ¿Cuando usted promete algo, ¿se puede confiar en usted? Explique.

4. Piense en la historia de Ananías y Safira que se halla en Hechos 5.

   A. En su opinión, ¿por qué este matrimonio mintió respecto al precio del terreno? ¿Por qué no le dijeron a Pedro que estaban dando solo una porción de lo que habían recibido?

   B. ¿Cree usted que Ananías y Safira pensaron que los pescarían? ¿Por qué sí o por qué no?

   C. ¿Qué aspecto de la mentira encolerizó a Pedro?

   D. ¿Cómo se siente respecto al severo castigo divino? ¿Cómo hubiera sido afectado el testimonio de Cristo ante la comunidad si no hubieran sido juzgados de esa manera? ¿Qué ocurrió con los testigos de la iglesia después de su muerte?

Sea las manos de Jesús

1. En una concordancia busque las palabras *mentira, mentiras* y *mentir*. Después busque palabras tales como *verdad* y *sinceridad*. En su opinión, ¿cómo corresponde el número de veces que aparecen estas palabras con la preocupación de Dios sobre este asunto?

2. De uno de los versículos indicados arriba, haga suyo uno. Escríbalo en el interior de la portada de su Biblia. Repítalo todos los días. Pídale a Dios que le ayude a ser más como Él en este aspecto de la veracidad.

NUEVE

EL INVERNADERO DE LA MENTE

Un corazón puro

Busque el corazón de Jesús

1. ¿Cómo puede usted manejar su corazón «como un invernadero»? ¿Cómo puede permitir que la analogía sea personal?

   A. ¿Qué clase de «semillas» está permitiendo que crezcan?

   B. ¿Qué hierbas malas ve? ¿Cómo puede evitar que sigan prosperando? ¿De qué manera algunas veces sofocan a las flores?

C. ¿Se clasificaría usted mismo por lo general como optimista o pesimista? Explique. ¿De qué manera su optimismo o negativismo afecta a los que le rodean?

2. Debería haber un centinela a las puertas de nuestros corazones.

A. ¿A dónde van sus pensamientos por lo general cuando les permite andar a la deriva?

B. ¿Cómo puede reconocer inmediatamente los «pensamientos equivocados»? ¿Cómo podría hacerlo más fácilmente?

3. Necesitamos someter nuestros pensamientos a la autoridad de Jesús.

A. Si se escribieran sus pensamientos en papel y se los sometiera a Cristo antes de que usted los pensara, ¿cuántos de ellos constarían «en rojo»? ¿Se sorprendería usted, o sabría los resultados de antemano?

B. Si sus pensamientos se anunciaran a los que lo rodean, ¿se abochornaría usted? ¿Se sentiría desilusionado? ¿Triste? ¿Ofendido? ¿Sorprendido?

4. La Biblia es la «lista de verificación» de nuestros pensamientos cuestionables.

A. En su estudio de las Escrituras ¿qué validación puede hallar para un complejo de inferioridad? ¿Un espíritu orgulloso? ¿Arrogante? ¿Deseos sexuales impuros?

B. Algunas personas piensan que la Biblia es nada más que un libro de prohibiciones cuyo objeto es aplastar la libertad del espíritu. ¿Qué nos sucede cuando seguimos nuestro propio «espíritu libre» en lugar de seguir la Palabra de Dios?

Examine la mente de Jesús

1. En 1 Pedro 5.8-9 se compara al diablo con un «león rugiente».

   A. ¿En qué circunstancias con mayor frecuencia se siente «devorado» en cuanto a sus pensamientos?

   B. ¿Cómo puede presentar buena resistencia al diablo? ¿Cómo puede aumentar su nivel de dominio propio y vigilancia?

2. Lea Gálatas 6.7-10.

   A. Dios reconoce que nos cansamos de nuestras luchas contra el pecado (v. 9). Una vez que usted se percata de su necesidad de mantener bajo control sus pensamientos (plantar las semillas apropiadas), ¿qué hace si se siente tentado a ceder a la fatiga espiritual?

   B. ¿Cuáles son los beneficios que se pueden cosechar al tener centrados en Dios nuestros pensamientos?

3. Proverbios 4.20-23 nos amonesta que prestemos mucha atención a lo que Dios dice.

   A. Debemos guardar sus palabras no solo en nuestra vista sino también en nuestros corazones. ¿Cuál es la diferencia entre estas dos ideas?

   B. Al corazón se lo compara con un «manantial» de vida. Busque en un diccionario la palabra «manantial». A su juicio, ¿por qué se usa esta palabra en el versículo 23?

   C. Usted ha oído la expresión: «Eres lo que comes». ¿Cree usted que también es lo que piensa? Dé algunos ejemplos.

4. En 2 Corintios 10.3-5 Pablo nos recuerda que aun cuando vivimos en el mundo no debemos ser parte de él (v. 3). Reconoce que la vida es una lucha y nos recuerda que se nos ha dado el «poder divino» (v. 4) para ayudarnos a ganar la batalla.

   A. El versículo 5 nos dice que «llevemos cautivos» nuestros pensamientos, sujetándolos a la obediencia a Cristo. ¿Cómo podemos hacer esto? ¿Qué debemos hacer con estos pensamientos, una vez que los hayamos capturado?

   B. ¿Cómo puede usted decirle que no a sus pensamientos errados, impuros e impíos, y rehusar darles entradas? ¿De qué manera puede ser esto como una batalla?

Sea las manos de Jesús

1. Piense por un momento en un lote de terreno fértil. ¿Hay más trabajo en la tarea de plantar o de desyerbar? ¿Qué ocurre si se descuida esto último? ¿Qué mercado existe para la venta de hierbas malas? ¿Sembraría alguien hierbas malas a propósito? Traduzca estas preguntas a la práctica para hacer una evaluación de sus pensamientos. Decida hoy sembrar rosas y, con la ayuda de Dios, mantener a raya los espinos.

2. Siembre una semilla, literalmente. Use buena tierra. Riéguela. Asegúrese de que recibe la cantidad apropiada de agua y de sol. Póngala donde pueda verla. Cuídela. Véala crecer. Considérela como una expresión externa de lo que usted está haciendo por dentro en el huerto de su corazón.

DIEZ

Encuentre oro en la basura

Un corazón lleno de esperanza

Busque el corazón de Jesús

1. ¿Cómo ve usted la «basura» que le sale al paso?

   A. ¿Piensa usted que tenemos más problemas y aflicciones, o menos, que la persona promedio? Explique.

   B. ¿Cuál es la próxima «cosa mala» que usted sospecha pudiera estar esperándolo agazapada a la vuelta de la esquina?

   C. ¿Por qué piensa que nos aferramos al dolor y al sufrimiento en lugar de mirar por lo bueno en nuestros problemas?

2. Nuestra manera de ver la vida determina la manera en que la vivimos.

   A. El refrán dice: «Cuando la vida te da limones, haz limonada». ¿Ha hecho usted limonada con las circunstancias de su vida?

   B. Describa a alguien que usted sabe que es bueno para esto. ¿Cómo se siente cuando está cerca de esta persona? ¿Qué puede hacer para aprender de él o de ella?

3. Necesitamos ver nuestros problemas como Jesús los ve.

A. Analice lo que usted siente respecto a oraciones no contestadas, sueños fallidos o traiciones increíbles. ¿Son recientes o ha estado usted aferrándose por largo tiempo al dolor resultante? Explique.

B. ¿Cómo puede ver estas cosas como las ve Jesús?

4. Jesús halló bien en el mal, propósito en el dolor.

A. ¿Piensa usted que esto es realmente posible en toda situación? Explique. ¿Qué le diría a alguien que piensa que esta es una perspectiva de optimista en cuanto a la vida?

B. Describa una ocasión cuando encontró bien en el malo, propósito en el dolor. ¿Tuvo esta actitud mientras atravesaba la dificultad o descubrió esas nociones más adelante? Explique.

5. Jesús puede cambiar la manera en que usted ve la vida.

A. ¿De qué manera con frecuencia subestimamos el poder de Dios?

B. ¿Cómo cambiaría su vida si consistentemente creyera que el poder de Dios es el mismo hoy como lo fue en los días de Eliseo?

Examine la mente de Jesús

1. Romanos 12.9-16 nos dice que los problemas son parte de la vida para todos; nadie está exento.

A. ¿Cómo debemos responder al mal? ¿Cómo debemos comportarnos cuando estamos afligidos? ¿Cómo es esto posible?

B. ¿Por qué nos permite Dios que atravesemos estos problemas? En su opinión, ¿qué se gana de ellos?

C. ¿Espera usted hallar algún día el propósito de Dios en su sufrimiento? ¿Qué tal si nunca lo encuentra?

2. Compare su vista espiritual con la que se describe en Mateo 6.22-23.

A. Describa a alguien que usted conozca que prefiere vivir en las tinieblas antes que en la luz. ¿Disfruta usted estando con esa persona? Explique.

B. ¿Cuál es la opinión de Dios al respecto?

3. Lea respecto a la traición de Jesús, en Mateo 26.46-52.

A. Incluso después de que Judas lo traicionó Jesús le llamó «amigo». ¿Se ha sentido usted alguna vez traicionado por algún «amigo». Si es así, ¿es esta persona todavía su amigo? Explique.

B. En lo que se ha tildado de indignación justa, uno de los compañeros de Jesús le cortó la oreja al siervo del sumo sacerdote. Lucas anota que Jesús respondió con un toque sanador. ¿Cómo podemos responder de esa manera cuando nos hieren? ¿Qué nos impide responder de esa manera?

4. En Mateo 26.53 Jesús le recuerda a la turba que vino a arrestarlo que podía ser rescatado de sus garras inmediatamente si lo deseara.

A. ¿De qué manera pueden sus situaciones difíciles ser más fáciles de manejar al saber que Dios puede sacarlo de ellas si escogiera hacerlo? ¿Pueden ser esas situaciones más difíciles al saber esto? Explique.

B. ¿Cómo puede usted responde cuando Dios escoge no cambiar sus circunstancias? ¿Sigue usted creyendo que Dios está presente en el problema? Explique.

Sea las manos de Jesús

1. Pida prestados los lentes de una persona que tiene agudos problemas con la vista. Póngaselos. Mire a un árbol, una flor, la cara de la persona más cerca. Ahora mire los mismos objetos con su visión normal (con o sin anteojos). ¿Cuál es la diferencia? ¿Vio las cosas distorsionadas la primera vez? ¿Se veían difusas? Es mucho más fácil ver todos los detalles cuando se las ve de la manera correcta, ¿verdad? Cuando se ve con los ojos perfectos de Dios, que todo lo ven, todo lo que nos ocurre cobra sentido.

2. Piense en sus amigos, especialmente en alguna amistad que se deshizo. ¿Le lastimó esa persona, traicionándolo de manera que todavía duele al pensarlo? Pídale al Señor que le ablande el corazón para perdonarle. Entréguele a Dios su rencor y pídale que le sane sus heridas. Propóngase orar por su amigo, diciendo su nombre regularmente y buscando maneras de empezar el proceso de restauración.

ONCE

Cuando el cielo celebra

Un corazón que se regocija

Busque el corazón de Jesús

1. ¡Jesús sabe de la «fiesta»!

   A. ¿De qué fiesta se trata? ¿Está usted seguro de que irá a ella? ¿Cómo lo sabe?

   B. ¿Qué hizo Dios para asegurarse de que usted no se perdiera la fiesta? ¿Qué situaciones usó? ¿Qué personas estuvieron involucradas?

2. Jesús es más feliz cuando se halla lo perdido.

   A. Describa una ocasión cuando usted se separó de un padre, se «perdió» en una tienda cuando era niño. ¿Qué sintió en el momento en que descubrió que estaba solo? ¿Pánico? ¿Miedo?

   B. ¿Qué piensa usted que sus padres pensaron mientras lo buscaban? ¿Hubo alegría cuando lo encontraron? Si es así, descríbalo.

C. Compare este incidente a la manera en que Dios debe sentirse cuando un pecador se arrepiente y viene a Cristo.

3. Cuando usted llegue a la «fiesta» será como Jesús. Todo el mundo presente también lo será.

A. ¿Qué aspectos del carácter de Jesús son los que más desea para usted mismo?

B. ¿Qué aspectos de su carácter son los que apreciaría más en otros?

C. ¿Cómo puede amar a esas otras personas ahora mismo, mientras todos estamos todavía alistándonos?

4. Jesús se regocija porque somos salvados del infierno.

A. Describa lo que sabe en cuanto al infierno. ¿Cree usted que es un lugar real? ¿Por qué sí o por qué no? Lea algunas porciones bíblicas al respecto.

B. ¿Cómo se regocija usted por estar en camino al cielo? ¿Le agradece por no haber ido al infierno? Explique.

5. Usted puede tener la divina noción eterna del mundo.

A. ¿Cuáles cosas que usted considera preciadas en su corazón se vuelven insignificantes cuando capta la divina noción eterna del mundo?

B. Si este punto de vista dominara su pensamiento, ¿qué diferencia haría en la manera en que gasta su tiempo?

C. Cuando usted capta esta noción, ¿qué ocurre con la manera en que ve a las personas?

Examine la mente de Jesús

1. Los Salmos son un gran lugar para la alabanza. Lea el Salmo 96, prestando atención especial a los versículos 1 y 2.

   A. ¿Qué quiere decir que «toda la tierra» debe cantar? ¿Por qué cánticos?

   B. ¿Cómo y cuán a menudo alaba usted a Dios por su propia salvación? ¿Cómo responde a las historias de salvación de otras personas?

2. Lea las tres parábolas que Jesús relató en Lucas 15.

   A. Mucho tiempo y esfuerzo se ha invertido buscando la moneda y la oveja perdida. ¿Qué dice esto respecto al valor que lo perdido tenía para sus dueños?

   B. Cuando se encontró lo perdido se llamó a los amigos y vecinos para que se alegrarán también. ¿Por qué?

   C. El hijo mayor en la tercera historia se resintió por la fiesta que se hizo para el hermano pródigo; no consideró a su hermano merecedor de la atención. ¿Siente usted que alguien es «demasiado malo» como para ser salvo, y que no se le debería admitir en la «fiesta» que habrá en el cielo? Explique. Sin la gracia de Dios, ¿merecería usted ir a ella?

3. Lucas 15.10 habla del valor de una sola persona para Dios.

   A. ¿Qué debería este versículo hacer con nuestros sentimientos de indignidad?

   B. ¿Cómo debería este versículo influir su deseo de hablarle a otros de la salvación que hay disponible en Cristo? ¿Surte este efecto en usted? Explique.

4. En Mateo 22.13 se describe al infierno como un lugar «afuera», en tinieblas, donde habrá «lloro y crujir de dientes», y sin salida.

   A. Si esto es cierto, entonces, ¿por qué las personas hablan con tanta liviandad respecto a ese lugar?

   B. ¿Piensa usted que es importante recalcar los horrores del infierno ante los incrédulos? Explique.

5. Segunda de Corintios 5.11-16 habla de una necesidad obligatoria de hablarles a otros del gran obsequio de la salvación en Cristo.

   A. ¿Es su principal propósito en la vida traer a otros a la «fiesta»? ¿Cuántas personas ha llevado a Cristo hasta aquí?

   B. Piense en alguien que conoce y que necesita al Señor. ¿Cómo podría usted ser usado para llevar a esta persona a Cristo? ¿Está usted pidiéndole a Dios que le de un nuevo corazón de amor hacia ella? Si no, ¿por qué?

Sea las manos de Jesús

1. Usando una concordancia u otro recurso de estudio, estudie las Escrituras y prepare una lista de todas las bendiciones del cielo. Al frente en la misma página escriba todos los horrores del infierno. Después alabe a Dios por haberle bendecido con las cosas de la primera lista y haberle rescatado de las de la segunda.

   A. Hojee su himnario favorito. Busque los himnos que tienen que ver con el cielo. ¡Cante uno ahora mismo!

DOCE

Termine con fuerza

Un corazón que resiste

Busque el corazón de Jesús

1. Aprenda a terminar las cosas apropiadas.

   A. ¿Cuánto tiempo gasta usted en cosas no esenciales?

   B. ¿Cómo determinar lo que no es esencial?

2. Terminar con fuerza en la carrera cristiana exige esfuerzo masivo.

   A. Al principio de su relación con Cristo, ¿fueron sus expectativas de la vida cristiana diferentes de lo que en realidad experimentó? Si es así, explique.

   B. ¿Piensa usted que los cristianos algunas veces pintan «demasiado color de rosa» lo que será la vida después de experimentar la salvación? Describa algunos ejemplos.

   C. ¿Diría la gente que usted es un creyente más fuerte hoy que ayer? ¿Por qué sí o por qué no?

   D. ¿Cuáles han sido sus gozos primordiales como cristiano? ¿Sus dificultades?

3. Al enfocar el premio que Jesús tenía delante, tuvo la fuerza para soportar la vergüenza del mundo entero.

   A. ¿Qué significa enfocarse? ¿Cuán enfocado está usted?

   B. ¿Cuáles cosas se interponen con mayor frecuencia a un enfoque preciso? ¿Cómo puede usted lidiar más eficazmente con estas cosas? ¿Qué le impide resolverlas?

4. Jesús miraba más allá del horizonte, vio la mesa puesta ante Él, y enfocó su mirada en la fiesta.

   A. ¿Si usted pudiera tener su propia fiesta ahora mismo, ¿qué habría en la mesa? ¿Quiénes serían los invitados?

   B. ¿Cómo piensa usted que será la «fiesta celestial»?

Examine la mente de Jesús

1. Dedique algún tiempo para meditar en Efesios 1.15-23.

   A. En el versículo 18 Pablo ora para que los ojos de nuestros corazones (entendimiento) sean «alumbrados». ¿Por qué piensa que dice eso? ¿Qué cosas han estado directamente ante sus ojos y usted todavía no las ha visto?

   B. Describa una herencia que haya recibido usted mismo o algún buen amigo. Trate de describir las «riquezas en gloria» que serán herencia del cristiano.

   C. ¿Cuánto de la «operación del poder de su fuerza» (v. 19) ha experimentado usted? Describa sus experiencias. ¿Qué más queda por experimentar?

2. En Hebreos 12 se habla con detenimiento respecto a la carrera cristiana.

   A. ¿Por qué Pablo llama a la vida cristiana una «carrera» en lugar de una caminata, un trote, o alguna otra actividad?

B. Qué cosas le estorban para correr eficazmente? ¿Conoce a alguien que abandonó la carrera? Si es así, ¿por qué ocurrió?

C. ¿Cómo podemos continuar mirando con gozo el final? ¿Cómo es que algunas veces perdemos de vista la meta?

D. ¿Por qué está usted corriendo? ¿Cómo puede usted vencer la urgencia de detenerse, descansar y tomarlo con calma?

3. En Lucas 4.1-13 se describe la tentación de Jesús por cuarenta días.

A. Jesús no comió nada durante ese tiempo de tentación y naturalmente tuvo hambre. Cuando usted está bajo estrés físico, ¿es más difícil concentrarse espiritualmente? Explique. ¿Que hace usted para compensar?

B. Cada vez que el diablo trata de atrapar a Jesús, Él responde usando correctamente las Escrituras. ¿Cómo puede este ejemplo ayudarle en sus conflictos personales? ¿Qué estrategias puede adoptar?

C. El diablo intentó que Jesús retirara sus ojos del Padre, que dudara del amor e interés que Él sabía que había. ¿Cómo usa Satanás las mismas tácticas con nosotros? ¿Cómo podemos responder? ¿Cómo ha respondido usted en el pasado a tales ataques? ¿Qué ocurrió?

4. Lea la parábola de los talentos en Mateo 25.14-30.

A. ¿Qué «talentos» específicos le han sido confiados? Menciónelos.

B. ¿Piensa usted que el hombre que recibió cinco talentos tenía más responsabilidad que el que tenía dos o el que tenía uno? ¿Por qué sí o por qué no? Si cree que usted tiene solo un talento, ¿pasa su tiempo anhelando que Dios le hubiera dado cinco en su lugar? Explique. ¿Cómo está usando el que tiene?

C. Puesto que el siervo que recibió un talento sabía como era su patrón y lo que debía esperar a su regreso, ¿por qué supone usted que descuidó su deber? ¿Hacemos nosotros igual? Explique.

D. Compare la respuesta que el amo dió al siervo que recibió más con la del siervo que recibió menos. ¿En cuál lugar usted se colocaría más fácilmente? ¿Por qué?

E. Si usted llegara al final de su carrera como cristiano en este mismo momento, ¿esperaría oír que su Maestro le dice las palabras del versículo 23? Explique.

Sea las manos de Jesús

1. Si no tiene limitaciones físicas, desafíese usted mismo a una carrera. Fíjese una meta; digamos, hasta la casa en la esquina opuesta, y empiece a correr. Cuando le falte la respiración, jadee. Cuando quiera abandonarla, no se detenga. Oblíguese a terminarla. Recompénsese usted mismo al regresar a casa; trate de estar a solas por un tiempo con un buen libro. Después haga la analogía entre su ejercicio físico y la carrera de la que estamos hablando. ¿Qué aprendió?

2. Haga un inventario de los proyectos que tiene entre manos, las cosas que ocupan la mayor parte de su tiempo. ¿A quién o a qué benefician? ¿Qué ocurriría si dejara de hacerlas? Cierna y filtre. Resuelva incluir solo las cosas que le acercan hacia su meta.

MAX LUCADO

YA LO CONOCES. SUS PALABRAS TE HAN INSPIRADO.
EL RESTO DE SUS LIBROS TE IMPACTARÁ.

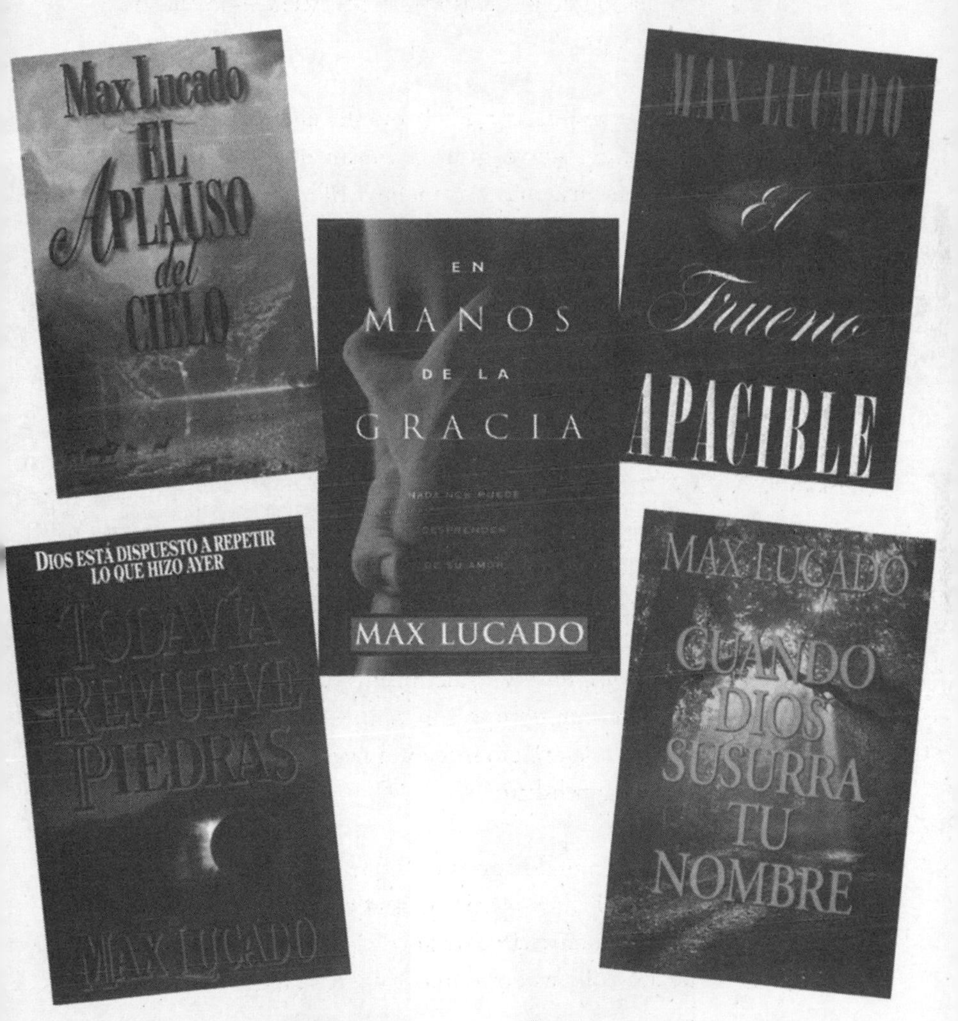

Editorial Caribe

EL PLACER DE UNA BUENA LECTURA